李娜 /著

爱育有方

陪伴孩子走好小学六年

给家长有效陪伴的48条锦囊要术
一本班主任家校沟通的智慧手册

宁波出版社
NINGBO PUBLISHING HOUSE

图书在版编目（CIP）数据

爱育有方：陪伴孩子走好小学六年 / 李娜著. —宁波：宁波出版社，2022.3（2022.9重印）
ISBN 978-7-5526-4520-0

Ⅰ.①爱… Ⅱ.①李… Ⅲ.①小学生－学生生活 Ⅳ.①G625.5

中国版本图书馆CIP数据核字（2022）第029981号

爱育有方——陪伴孩子走好小学六年

著　　者：李　娜
责任编辑：陆红亚
责任校对：陈　钰　秦梦嫄
装帧设计：唐雪冬
出版发行：宁波出版社
　　　　　（宁波市甬江大道1号宁波书城8号楼6楼　315040）
联系电话：0574-87287821（编辑室）
印　　刷：宁波白云印刷有限公司
开　　本：787mm×1092mm　1/16
印　　张：13.25
字　　数：240千
版　　次：2022年3月第1版
印　　次：2022年9月第2次印刷
标准书号：ISBN 978-7-5526-4520-0
定　　价：38.00元

[序]

万里征途,始于"起跑"

·周一贯·

人类降生时的第一声啼哭,就意味着一个新生命万里征途的始步。于是所谓孩子的"起跑线"便成了父母辈十分关心的一件事,该词被收入《中国教育报》2015年度中国家庭教育的"十大关键词"。所谓"起跑线",当始于该年5月的热播剧《虎妈猫爸》,该剧因再现了不同家庭教育观念和方式的较量,再一次引发了大人的焦虑和孩子的困惑。于是,激起了人们对"不让孩子输在起跑线上"的反思。问题的本质在于什么是孩子的"起跑线"?它不应是考试的成败和分数的高低,以及超量作业和校外补习,而应是父母的爱和陪伴。

近来在《中国教师报》(2021.8.18)中看到一篇沈丽新老师的文章,题目是《为什么一年级学生总不会整理》,这其实也是"起跑线"上的一大问题。"一年级学生不会整理"是普遍存在的一桩小事吗?不,从某个角度来说,这就是有可能"输在起跑线上"的一个表征。它不应成为"所有小孩都这样"的一个托词,更不可认为比起分数来这是微不足道的小事。

成功始于良好的习惯!真正的教育都应从培养好习惯开始。这几乎是所有名师、专家的共识。本书作者李娜就是一位对此深有感触的名师,她多年从教于低年级儿童的启蒙,对于家长应当怎样陪伴孩子快乐"起跑"有着深刻的体验和思考。于是对孩子上学前后的许多琐事都有所察觉，诸如学具的准备、书包的选择、学习环境的布置，与孩子学习辅导时的话语沟通、学习习惯的培养，如何引导孩子参与学校活动，如何陪伴孩子快乐度过课余生活，等等。这些容易被人认为是鸡毛蒜皮的小事，似乎难登教育神圣的大雅之堂，现在，在她的精心观察、深入体验、深度研究之后，竟然能集腋成裘、披沙拣金，结集成为一本专著出版。这令我感动，敬佩于她关心爱护孩子独具的慧眼丹心。

切莫小看孩子上学始所必然要遇到的这些问题，从某种角度说，这可能是比知识更加重要的能力和习惯。能有条不紊地整理好自己的东西，不仅是一种自我服务的劳动，还可以从小培养孩子的思维的条理性，增强逻辑思维能力。所有这些都会对孩子的学习能力提升，发挥积极作用。往更长远看，从"整理"开始，又为学生的自我"管理"打下坚实基础。强大的人格力量，首先体现在作为一个独立的人，能不能自己管理自己。所谓的"学霸"，尽管他们的性格各有不同，但一个共同的特点是都有超强的自我管理能力。从"整理"到"管理"，等儿童成人后，该能力成为社会主义事业的建设者和接班人不可缺失的"治理"能力，我们就不难发现人生万里征途，从自我"整理"起跑的深远意义和生命价值。

"千里之行，始于足下"，孩子的成长、成人到成才，都得从"起跑"开始。于此可见"起跑"非小事，而且无小事。

正如《中国教育报》（2015.12.25）上那篇《中国家庭教育2015年度关键词》所指出的："在孩子成长的过程中，父母的爱和陪伴才是孩子的起跑线，最重要的教育资源其实是父母自身。"相信李娜老师的这本新著，对孩子家长来说，既可以是"雪中送炭"，也可以是"锦上添花"。因为由名师的体验研究而总结出的这四十八条锦囊要术，不只能解决陪伴"孩子起跑"的问题，更能帮助孩子"快乐起跑"。

序文是最常见的文体，也是最无规矩的文体，全在作者的感受与发挥。我写下的也许只是初读书稿的一些感受，但在这里就权作序文了。

2021年盛夏
于越中容膝斋

目录

第一章
学具准备术

002 …… 第 1 节　准备学习生活用品小贴士
007 …… 第 2 节　小书包里大乾坤
011 …… 第 3 节　一张整洁书桌的重要性
015 …… 第 4 节　书架，通往孩子成长的智慧阶梯
019 …… 第 5 节　省钱省心的学具添置清单
024 …… 第 6 节　不可小觑的《家校联系本》

第二章
环境布置术

030 …… 第 1 节　干净和整洁
035 …… 第 2 节　有用和好用
039 …… 第 3 节　去除不必要的干扰
043 …… 第 4 节　定期断舍离
047 …… 第 5 节　必不可少的替换和更新
051 …… 第 6 节　留白，让空间更舒适

第三章
沟通话语术

056 ……	第1节	当孩子进步时
060 ……	第2节	当孩子犯错时
063 ……	第3节	当孩子偷懒时
066 ……	第4节	当孩子胆怯时
070 ……	第5节	当孩子愤怒时
074 ……	第6节	当孩子叛逆时

第四章
习惯培养术

078 ……	第1节	如何自我管理时间
083 ……	第2节	劳动自理能力的培养
086 ……	第3节	文明礼仪的养成
090 ……	第4节	提前预习，听课更轻松专注
094 ……	第5节	高效作业，让能力扎实落地
097 ……	第6节	复习整理，攻克知识的盲区

第五章
启发爱校术

102 ……	第1节	了解学校办学理念和班级创建特色
106 ……	第2节	知道孩子的班主任、学科老师和同桌、好朋友
110 ……	第3节	用好学校资源
114 ……	第4节	借力使力帮助孩子成功
118 ……	第5节	家长应多参与校园活动
123 ……	第6节	与老师多配合，常联系

第六章
亲子陪伴术

128 …… 第1节　每个孩子都是宝藏
132 …… 第2节　关注每个年龄段的成长"关键期"
136 …… 第3节　不要忽视变化后面藏着的信息
141 …… 第4节　以身作则，无须唠叨吼叫
145 …… 第5节　纠正不良习惯需要持之以恒
149 …… 第6节　批评教育时请保守孩子的底线

第七章
学科导学术

154 …… 第1节　轻松语文
158 …… 第2节　超强数学
162 …… 第3节　麻溜英语
166 …… 第4节　亲近科学
170 …… 第5节　爱好艺术
174 …… 第6节　喜欢体育

第八章
同步成长术

180 …… 第1节　当孩子的玩伴
184 …… 第2节　成孩子的导师
188 …… 第3节　做孩子的朋友
191 …… 第4节　家长需"持证"上岗
195 …… 第5节　不断学习，应对万难
199 …… 第6节　"爱育"的前提是智慧、方法和责任

第一章　学具准备术

工欲善其事，必先利其器。

——《论语·卫灵公》

俗话说"工欲善其事，必先利其器。"做工是这样，学习当然也是这样。只是做工用的是工具，而学习用的是学具。准备学具，有的家长以为是小事，家里有的用一点；亲戚朋友送的，凑一些；要是还缺什么，再买一点。其实，这不是有没有的问题，合适才是最重要的。那么，怎样的学具准备才是合适的？家长必须要十分清楚。

第1节
准备学习生活用品小贴士

锦囊要术：齐全实用不浪费

一、教师观察

每年秋季入学，校园里都会迎来一群特别可爱的孩子，这些一年级的小萌娃大都有一个共同的特点，就是所背的书包"五花八门"。首先是颜色各异：纯色的、拼色的、花色的或各种图案的，一应俱全。其次是形状奇特：米奇造型的、机器人造型的、小汽车造型的，各具特色。再是背法多样：斜背的、双肩的、拉杆的，应有尽有。于是，一年级孩子排队放学时，那小小的身子上背着各种各样的大书包就成了一道别样的风景线。

走进教室，会看到部分孩子的书包因为材质过硬，体积太大，根本不能放进课桌的抽屉里。如果放在地上，一是不卫生，二是影响孩子课间玩耍和午间打扫整理教室。而那些看似省力的拉杆书包，在平地上还轻松自在，可是要上教学楼的楼梯就特别费劲了。

小学阶段，尤其是一年级入学阶段，孩子丢东西的现象是极其常见的，每过两三天，老师讲台桌上的"失物小屋"里就会聚集各种铅笔、橡皮、尺子、本子。问是谁的？能来准确认领的小主人，寥寥无几。大队部里，从功能教室里捡回的眼镜、文具盒，操场上体育课后拾到的校服、红领巾，也是多得让人难以想象。

二、家长困惑

"工欲善其事，必先利其器。"想着家里的孩子即将上小学了，父母总会感到莫名激动和期待。因此，在为孩子准备各种入学用品的过程中，一般都会对孩子有求必应。

其实作为家长应该也知道，过于花哨时髦的文具用品会分散孩子的注意力，他们会情不自禁地玩弄文具，影响学习。可是，孩子看到同学有了花样文具便向家长索要，家长觉得这些文具也花不了多少钱，就满足孩子的这种要求。事实上，很多文具买得过早，放那就忘记了；买得过多，用不到就过时了；买得不合理，又要重新买，也造成了不必要的浪费。

面对市面上花样繁多的文具，琳琅满目的商品，到底应该怎么选适合孩子的学习、生活用品呢？如果不小心在学校、班级丢了用品，如何把丢了的东西找回呢？

三、锦囊支招

1. 学习用品的大致分类

基本学习用品： 书包、垫板、文具盒、木质铅笔、塑料直尺、4B橡皮、文件袋（用于放练习卷或练习本）。这些基本学习用品，一般每天上学都要携带。

特殊学习用品： 卷笔刀、剪刀、固体胶、记号笔（粗细各一支）、油画棒一盒、水彩笔一盒（颜色无须过多，体积不宜过大）。这些学习用品，可以根据每日的课程表安排携带。

2. 选购学习用品的原则

安全性： 带有香味的橡皮、书皮，含有一定的化学物质，长期使用可能会影响孩子的健康。

实用性： 在选择书包的时候除了美观，更应适合孩子的年龄，需要大小适中，以轻便为主。文具袋、铅笔等学习用品不要过分追求功能繁多和时尚，一些玩具化的学习用品容易分散孩子的注意力。

3. 学习用品的挑选细节

书包： 书包要陪伴孩子很长时间，建议买质量稍微好一点的。一要轻便，最好是双向拉链。二要大小适中，以便能放进课桌或小柜子。三要记得让孩子试背，注意肩带距离是否合适，六七岁的孩子肩膀还比较窄，如果肩带距离过宽，会很容易滑到胳膊的位置，孩子背起来很不舒服。四要口袋和间隔相对多一些，便于孩子分门别类地放置物品，不至于找东西时把整个书包翻个底朝天。

文具盒： 铁质文具盒逐渐被淘汰了，取而代之的是各种卡通可爱的笔袋，因为软软的，重量也轻，掉在地上动静很小，深受大家的喜欢。父母可以根据孩子的喜好选择喜欢的款式。但建议不要买多层的，或者带各种功能的。

铅笔： 铅笔是一年级孩子最重要的文具。目前比较常用的是中华牌，以

HB 为最好（铅笔上有标志），否则笔迹会过浓或过淡。

铅笔几乎每天、每节课都要用到，建议大家多买几盒，以备不时之需。可以在家准备 30 支左右的木头铅笔，事先削好后，带到学校 5 支，并配上笔帽。另外，可以在铅笔上贴标签纸，写上孩子名字，这样丢了能够及时找回来。

橡皮：一要比较软的；二要薄一点，孩子比较容易握住；三不买带彩色卡通图案的；四不买有香味的。

目前比较常用的是晨光、得力的 4B、淡黄色橡皮，不仅擦得干净，而且橡皮屑也少，本子也不容易被擦破。

另外，橡皮和铅笔一样，也是消耗品，家里可以多买一些备着。

尺子：一年级孩子会写的字少，很多作业都是以连线的形式完成的，所以一把称手的尺子非常重要，有了这种小尺子的帮忙，可以让作业完成得整洁有序。

尺子长度以 15—20cm 为宜，以便放进笔袋。一边是直的，另一边是波浪的尺子最好。随着年级升高，开始学习角、圆等图形知识时，再配备三角尺、圆规之类的。不要带有其他功能，也不必花里胡哨，以免孩子分心。

卷笔机：孩子刚开始学用铅笔写字，铅笔头经常会断掉，或者笔头一下子就粗了，一个好的卷笔机就非常重要。为了吸引孩子，商店里经常会有各种造型的卷笔机，托马斯的、熊大熊二的、机器人的，但其实都不太实用。家长选购的时候应以简单小巧、方便孩子卷笔为标准。

现在也比较流行一种电动卷笔机，自动卷笔，削尖立停，有可充电的，也有用干电池的，非常方便。

标签纸：标签纸在文具店里很常见，整张和作业本尺寸差不多，每张上有若干个小标签，可以写孩子的班级、姓名、学号。几十个孩子一起学习，用着几乎相同的学习用品，这个年龄的孩子又容易丢东西，在铅笔、尺子、书本等上面贴上标签，能省去很多不必要的麻烦。

网上也有很多定制的名字贴，各种图案、各种字体，设计非常美观，一次性买上几十个也是不错的选择。

文件袋：有的学校会需要孩子准备一个文件袋。常见的、比较实用的是 A4 普通塑料文件袋。学校下发的通知、练习卷等放置在文件袋里，便于保管。

画笔：建议买那种画笔立装的小提盒（24—36 色即可），小提盒所占面积只有妈妈的手掌那么大，孩子使用时会比较方便。如果买那种大盒的画笔，比较占地方，桌子上就不好放画纸了。

软头水彩笔是目前更受欢迎的一种类型，它的笔头可粗可细，而且有弹性，更适用于低龄孩子。

固体胶和剪刀：孩子做手工、贴东西时需要剪刀和胶棒。

购买剪刀时，注意不要买尖头的，要买孩子专用的圆头剪刀，还需有专门的保护套。孩子用胶水，往往挤得到处都是，建议买固体胶或者双面胶。

包书纸：虽然现在书店和文具店里一般都有现成的包书用品，但我觉得让孩子学会用牛皮纸一类传统的纸张包书是必要的，能包一手好书也是对孩子生活技能的培养。

4. 生活用品的配备

纸巾：小包纸巾可放书包的侧兜，家用中等大小的抽拉式纸巾可放一包在学校的抽屉里。

若干单片装湿巾：每天午饭后使用，有时美术课或探究课（做小实验）也需要。

水瓶：大部分孩子都没有很好的喝水习惯，如果没有水瓶带在身边，孩子是不会想起来自己去找水喝的，除非夏天极热时，或者刚上完有剧烈运动

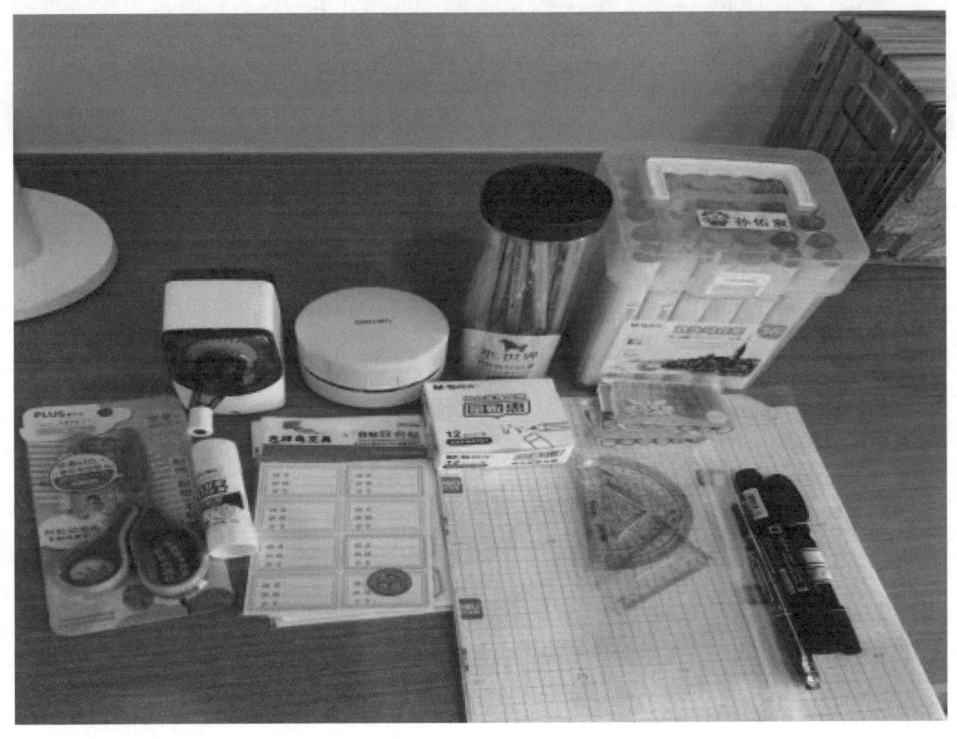

的体育课。因此，准备好保温壶或水瓶非常重要。需要提醒的是：选择的保温壶或水瓶的质量一定要好些，特别要注意保温壶或水瓶口部是否漏水，水瓶放在书包的侧兜时，如果漏水会打湿孩子的书包、书本和作业本。

抹布和餐巾：如果孩子在学校用餐，且学校没有学生餐厅，需准备抹布用来擦桌子。吃饭的时候把餐巾铺在桌面上，这样可以防止油洒在桌面上，弄脏文具。可准备两块，更换使用。

饭盒和饭兜：样式很多，家长可根据情况自选。小饭兜应根据餐具的情况自选，孩子的餐具一定要单放在手提的小饭兜内，放在书包里会很容易弄脏课本。另外，尽量选择保温饭盒，因为冬天的时候热量散失得快。

调羹：如果学校给小朋友准备盒饭，那么吃饭的工具一般需要自己带，建议家长给小朋友准备一把轻便的塑料调羹，塑料的调羹摔不坏，也伤不到小朋友，比不锈钢和陶瓷的都要适合。

护眼灯：台灯是必买的东西，建议购买无频闪的护眼灯。

小闹钟：放一台孩子自选的小钟在床头或桌边。教会孩子看钟。父母要有意识地规划好孩子的作息时间，调整孩子的生活起居习惯，使孩子养成自己准时就寝，准时起床的习惯。

跳绳：可以准备一条，冬天时是主要的锻炼工具。

四、要术概要：齐全实用不浪费

1. 提前购买。每学期开学前准备好各学科学习用品，拖延滞后购买都会影响正常学习。

2. 注意实用。过于鲜艳时尚的设计并不能增加用品的功能，反而会分散孩子的学习注意力。

3. 不必囤积。学科不同，年级不同，教师要求不同，使用习惯不同，购买的用品也不尽相同，根据不同情况合理添置，杜绝浪费。

第 2 节
小书包里大乾坤

锦囊要术：花时间分步训练

一、教师观察

早晨的校门口：每天上学时，校门口总会遇到一些看似寻常却又不寻常的小事。有的孩子下了车才想起今天有美术课，忘带画图工具了，这让家长左右为难，不送怕影响孩子学习，送又一定会影响自己上班工作。忘戴红领巾也是常有的事，有的孩子刚进校门就被少先队辅导员拦个正着，结果"行规"扣分，一天刚开始就感觉没了劲头，耷拉着脑袋进教室上课去。一些胆小又任性的小孩甚至在校门口哭闹，一直等到他们的家长送来作业簿才肯进校门。

教室交作业时刻：教室里，每天早上到校后交作业的场景也是各不相同。有的孩子能很快拿出今天要交的作业，然后按学科分类摆放；有的孩子拿作业本是掏一趟书包拿一本，再掏一趟书包拿一本，拿出来的作业本不是卷得像包心菜就是皱得像卫生纸。交作业的速度和上交作业本的整洁度，完全不一样。

大课间的传达室：上午第一节课后的大课间时间，哪里最热闹？除了操场，就是传达室！孩子们有来领课本、作业簿的，有来取家长签字回执单的，有来拿游泳课游泳包的，有来提美术课绘画工具箱的，有来端保温水瓶的……可谓应有尽有。

老师们对以上的场景一定是熟悉而伤脑筋的，家长们则生气而无助。如果孩子忘记带东西去上学是偶然的事，这是可以理解的。但是隔三岔五忘记带东西的孩子，在班级里也绝不会是极个别的。可见，从小学学会整理书包有多么重要。

二、家长困惑

每个老师都会跟家长强调，一年级最主要的就是培养习惯，学习习惯养好了,后面一切都会好。可问题是,培养习惯说着容易,做着难啊。家长看着孩子乱哄哄的书包,总会头皮发麻,这么乱到了学校,怎么找得到课本啊?怎么有条不紊地应付一天的课程啊?于是家长就会一直唠叨:"好好整理你的书包,记得带全东西啊,弄整齐啊。"可是,孩子对家长的唠叨充耳不闻,放学打开书包,本子皱得像从垃圾桶里捡回来的,铅笔漏在书包底部,水瓶和书放在一起,惨不忍睹。

如果每天晚上帮孩子整理书包,那孩子带物品丢落的现象一定会好很多,但这样的话,孩子自觉整理的习惯又怎么能养成,而且每个家长也有自己的事情,哪天工作忙没顾上了,孩子的毛病就又犯了,帮孩子整理的方法治标不治本啊!如果完全放手让孩子整理,孩子要么根本不知道怎么整理,要么磨蹭拖拉,直到消磨了家长所有的耐心,睡觉时间快到了,家长也就直接上手代办了。一些教育专家说,小学生的父母必须学会放手,但是如果放手,孩子将不知道如何收拾书包。第二天作业、书本丢三落四是必然的现象,怎么办?

三、锦囊支招

整理书包这个技能,孩子不是天生就会的,需要家长手把手地教,所以要"花时间训练"。对于六七岁的孩子来说,"把书包整理整齐有序"这个指令真的太模糊了,什么叫整齐,什么叫有序,都没有说清楚。因此,得把整理书包的顺序,语文书、数学书的位置,一点点告诉孩子,让孩子记住整理的"细小步骤"。

分享一个非常有用的方法,掌握3个步骤,帮助孩子养成良好的习惯:

1. 整理口诀

家长可以随意发挥,从里到外,给孩子编个顺口溜,最里面分层放书、练习本、笔袋,餐垫放在孩子书包的合适位置,然后侧兜放水杯、纸巾,最后,饭盒放在书包的边上。

口诀让孩子多念几遍,直到孩子背熟练了,让孩子收拾一遍给你看,至少练习三四遍,坚持练习两周,孩子就会很熟练了。

这个过程的关键就是家长不要训斥孩子,要相信通过练习,孩子一定可以自己整理好书包。关键是把方法教给他,当孩子收拾好的时候,及时鼓励他,给他正反馈就好。

2. 固定位置

每个孩子的书包不一样，但是一个大原则就是，固定的隔层放固定的东西。这样孩子形成习惯，就能快速地找到自己要找的东西。而且上学这么几年，要带的东西基本都是固定的，形成习惯，就可以省出到处找东西而浪费的时间，把更多的时间和精力留给学习。

3. 对图装包

把常用的物品清单列出来，让孩子对照着把要带的东西都放在桌子上。刚开始让孩子知道要带的东西都有哪些，先做到都带着，不丢三落四。每装一个在清单上打一个钩，这样就不会出现忘带课本让家长送，没带铅笔、橡皮得向同学借等情况了。

除了列清单的方法，还可以用实物拍照的方法，把基本常用的东西全部放在桌子上，拍照后洗出来做成一个总览图，贴在墙上，然后每天晚上收拾书包的时候看一眼，做到收拾的时候心中有数。

4. 三点提醒

对于作业本分类上交和偶尔出现的忘带学习生活用品现象，还需对各位家长作以下提醒：

分科用好文件袋：语文、数学、英语等，按科目分成不同的文件袋。对于孩子来说，最重要的就是一科一袋，写明语文、英语、数学、道德与法治等。每节课上课，拿出一个透明的文件袋就行。然后把卷子放入专门的卷子文件夹，防止把试卷弄烂或者弄脏。

忘带东西家长只送两次：对于孩子来说，丢三落四都是因为有家长兜底。在进入小学前要告诉孩子："第一年咱们得养成自己操心自己物品的习惯，

 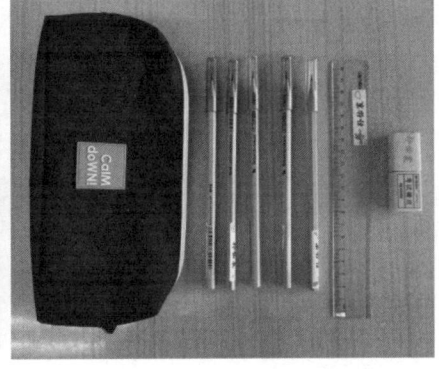

如果忘带了，刚开始家长会给你送过去。但是，再一再二没有再三，两次之后，哪怕是班主任让家长送，家长也不会给你送到学校，自己想办法解决问题。"这样做就是让孩子明白，要承担起上学的责任，自己负责自己的物品管理。

在错误中学习改进：同时，也要给孩子提供从错误中学习的机会。如果忘带午饭，自己协商怎么和同学分吃一份饭；忘带语文书，可以尝试去找隔壁班不上语文课的朋友借。唠叨一百次，不如让孩子自己体会一次"自己搞定"的感觉。

孩子一辈子要面对太多突发事件，自己去学着谈判、沟通和协调，处理问题的能力才能提升，他自己的自我效能感才能增强。

锻炼孩子的专注力、责任心，不需要什么辅导班，把生活中那些又小又烦的事情（理书包、扫地、洗袜子、热早餐等）耐心做好，就足够了。

四、要术概要：花时间分步训练

1. **花时间训练**。整理书包这个技能，孩子不是天生就会的，需要爸妈花时间手把手教。

2. **分步达成**。"整齐""有序"之类的词语对孩子来说是抽象陌生的，需要分解成细小的步骤并在家长的示范引领下，不断强化训练。

3. **设定底线**。即便掌握了技能，忘带还是难免的，家长要与孩子口头约定底线次数，并让孩子在生活中学会自己解决问题。

第 3 节
一张整洁书桌的重要性

锦囊要术：比较体验动手做

一、教师观察

你观察过孩子每天都要用到的书桌吗？走进一个课间的教室，班级里每个孩子的桌椅会呈现出不同的样态。看上去不整洁、不美观的书桌，主要有这三种情况：第一，是桌面和抽屉里物品多而乱；第二，是下课后桌椅东倒西歪，没有摆整齐；第三，是座位周边有纸屑等垃圾。

家长和孩子都知道有一个安静的学习环境很重要，却常常忽略了拥有一张能够让人专心学习的书桌也是必要的。书桌上的用品长期没有整理，可能会在潜移默化中影响学习效果。

每天在找东西的过程中浪费时间：孩子学习必然要用到各种物品，如果不及时整理，在一张小小的书桌上就会堆满了物品，那恐怕会连写字的空间都没有。桌面上的物品太多，孩子容易把无关学习的东西与学习用品混在一起，一会儿找找橡皮，一会儿找找铅笔，本来是一个小时就能做完的作业，可能要花两个小时甚至更多。

分神：美国心理学家迈克尔·凯恩在研究中发现，人平均 30% 的时间没有想他们正在做的事情，甚至有些学生 80%—90% 的时间都在想别的东西。在某次参与调查的 126 名学生中，只有一名学生否认在采样时有任何思维出现游离的现象。

对于学生来说写作业是比较乏味的，所以很容易被桌上的其他有趣的东西吸引导致分神。长时间分神，久而久之就成了"拖延症"，带来的后续影响非常大。

影响精神状态：如果说浪费时间和分神是短时间的小影响，那么孩子的精神、学习状态受影响就要重视了。试想：你能否在一张乱糟糟的桌子上写出好看的字？一时可以，长期是不可能的。因为"近朱者赤，近墨者黑"，孩子在写字的过程中很容易被桌子的杂乱影响，导致写出来的字越来越乱。

而且学校经常会发一些学习单、反馈表等，如果没有一个良好的收拾习惯，很可能会出现学习用纸全部叠在一起、无法分类的情况。

这样的状态如果持续太久，容易造成孩子学习信心受挫，产生"这样就好了"的心态，影响其学习内驱力。

二、家长困惑

希望孩子写作业快速有效是家长共同的企盼和诉求。每天一放学回家，我们就提醒孩子先写作业，快写作业。

可有些孩子放学回家写作业的状态通常是，先吃小点心，再边吃边玩会儿玩具，等会儿又起来洗个手，上趟卫生间……就这样估摸着大半个小时过去了，书包却还没打开。

好不容易拿出作业准备开始写了，一会先翻翻语文书，然后又写写数学作业，等会又去找卷笔刀削铅笔，就这样在不停地更换和起落间又过去了半个小时，磨蹭拖延的毛病特别让人抓狂。

看到孩子的桌子上摆满了无关的零食、玩具，家长肯定也会时时提醒孩子整理书桌。有的时候看时间晚了，看着桌面因为没有及时整理造成的杂乱堆叠，想着孩子动作慢，就自己动手替孩子包办了。一来二去，孩子也知道自己的事情做不好反正有家长可以代劳，孩子就更磨蹭拖延了。

三、锦囊支招

那么如何能让孩子主动整理房间呢？可以从以下三个方面入手：

1. 比较

家长认为孩子的房间是混乱一团糟，而孩子可能并不觉得有什么不妥。这个标准并不是家长或孩子制订的，更不是唯一的，我们可以给孩子示范，比如带领孩子一起收拾房间或者整理书桌，让孩子看整理前后的情况对比，感受哪一种更舒心和便捷。或者带孩子观察其他同学的家，看看干净的房间是什么样的，让孩子真实地感受到整齐、洁净的房间住起来更舒服。

2. 体验

需要一件东西却找不到，就会越急越乱，如果又在乱糟糟的环境中寻找，更会"乱中添乱"。这个时候家长一定要沉住气，不唠叨不帮助，坐在沙发上看着快要抓狂的孩子即可。此时孩子在乱糟糟中寻找东西——那真是哑巴吃黄连——有苦也说不出。

3. 动手

等到火候差不多了，家长可以帮助孩子一起寻找。既让孩子认识到收拾房间的重要性，家长也可以顺势教孩子如何整理，还能建立良好的亲子关系。

断舍离：桌面上不要放置与学习无关的物品，可以将不重要的小东西放到抽屉中或者柜子里。

常用的学习工具每种放一个，有的孩子桌上摆满了各种各样的笔：油画笔、钢笔、记号笔、铅笔、自动铅笔、中性笔……如果暂时用不上，那么就把它们清理出来，只留下有用的。其他功能重复的物品归类放回书包或者笔袋，这样一来桌面学习区就不会显得杂乱。

另外生活用品和零食要尽量远离学习区域，纸巾、水果、小蛋糕要放到桌子的另一端，离自己较远处。

分区域摆放：要腾出一片让学生安心写字的区域，这片区域只留下必要的学习工具和书本，其他暂时不用的文具可以放进笔筒或文具袋里。另外书本、学习单和试卷也要分开放，将各科书本叠一起，学习单和试卷也要用文件夹归类放好，桌子够大的话最好专门留两个空位给书本、学习单和试卷。

归位+整理：每天写完作业记得把东西放回原位，这样一个简单的小举

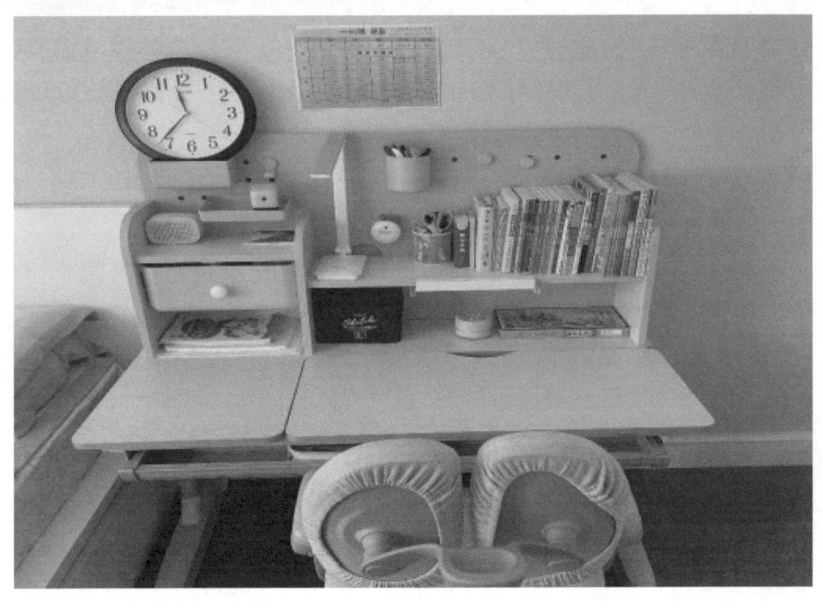

动可以提升桌面的整洁程度。

过一段时间再进行一次大型的清洁，擦一擦灰尘，扔掉没用的小东西，还可以提升孩子的自理能力。

4. 几条小建议

在帮助孩子养成习惯后，父母要尽量减少打扰。

桌面和桌子旁不要有太多电线，否则看起来会很乱。

基础的文具每种都要有，例如：尺子、圆规、草稿本、铅笔、彩笔等。

调节好台灯的灯光亮度，太亮会伤眼睛。

2018年全国儿童青少年总体近视率为53.6%，其中小学生的近视率大约为36.0%。因此，座椅要选择能调节高度的，小学六年孩子的身体是长得很快的，合适的坐姿很重要。

学习成绩是一个结果，想要成绩有所提升就要从源头进行改变，在学习过程中不断调整学习习惯。

书桌虽小，却是每天学习的重要场所。如果父母、孩子能够一起注意、保持这个小环境的整齐、简洁、安静，就能让孩子学习时的注意力更加集中，效率更高。

而这些好的习惯，会伴随孩子一生。

四、要术概要：比较体验动手做

1. 在比较中认识整洁。 带领孩子一起收拾房间或者整理书桌，或者带孩子观察其他同学的家，看看干净的房间是什么样的，让孩子真实地感受到整齐、洁净的房间住起来更舒服。

2. 在体验中感知重要性。 让孩子体验需要一件东西却找不到，越急越乱越找不着的那种哑巴吃黄连说不出的苦。

3. 在顺势中教会整理。 教会孩子整理书桌的步骤：断舍离——分区域摆放——归位＋整理，在互动中还能建立良好的亲子关系。

第 4 节
书架，通往孩子成长的智慧阶梯

锦囊要术：藏书陪读购书架

一、教师观察

每天早晨孩子们到校的第一段时间是晨读时间。一般情况下，学校的晨读时间分为两部分，自由阅读时间和集体统一的朗诵或背诵时间。集体统一的朗诵或背诵时间会由班级语文课代表或班级值日班长，在老师的指导下带领全班朗读或背诵。而在集体朗诵或背诵时间之前，由于孩子到校的时间不一，同时要上交作业并登记作业情况，所以前期都是留给孩子们的自由阅读时间。这段自由阅读时间根据孩子到校迟早大概为 5 至 30 分钟不等。

相信大家对于这两个公式一定不陌生：$1.01^{365} = 37.78$；$0.99^{365} = 0.03$。1.01 和 0.99，到底相差多少。表面看起来只是相差了 0.02，实在是微乎其微，不足道哉。但是当与 365 乘方后，结果却是天差地别……每天只需要多出一点点努力，365 天之后将积累成巨大的力量。相反，每天稍稍地偷下懒，365 天后将会失去很多！1 是一天，1.01 是一天多做了一点儿，0.99 是一天少做了一点儿。

如果每天多做两点（1.02），一年就是 1.02 的 365 次方，结果等于 1377.4，奇迹的奇迹。因此，每天只要比别人多做一点点，就会超过别人一大截。这个公式放在任何需要努力的事情上都能适用，对于孩子小学六年每天早上早到那么 10 分钟，并能拿出自己喜欢的书籍安静阅读，享受阅读，自然也同样适用。然而，很多没有阅读习惯的孩子，即便一早到校，也只是两眼呆滞地坐在位置上等老师来组织齐读，而调皮好动的孩子索性就是把教室当成游乐园似的来回走动，不仅自己不阅读，还破坏班级的阅读氛围。

爱阅读的孩子，在未来学习的时候会轻松一点；爱阅读的孩子，一定拥有充实的内心和有趣的灵魂。因此，给孩子买书，给孩子一个存放书籍的书架，陪伴孩子阅读，让孩子养成阅读的习惯，是孩子通往成功最便捷、最经济的智慧阶梯。

二、家长困惑

买书后如何引导孩子阅读？现代社会，各行各业的竞争都非常激烈，家长们意识到教育的重要性，只要是对孩子有利的教育投资，家长们都是竭尽所能。随着生活水平的提高，为孩子开辟一个家庭阅读区域，添置一个书柜，买一些孩子喜欢的书，对一般家庭来说都是能力所及的事。但是在和家长们的沟通中，很多家长都表示愿意给孩子买很多的书，至于买了之后是否和孩子一起读，怎么读，家长们都还没有考虑到这个问题。

当计划和现实发生矛盾冲突时如何克服？很多有亲子阅读经验的家长，聚在一起常常会聊到："我打算和孩子亲子阅读，每次都计划得非常好，可是工作太忙了，没时间啊！""我也想和孩子好好读读书，可是太累了，没有心情陪他读。""每次一开始读，孩子就表现得很不耐烦，所以我也不知道怎么做了。""我也是计划得非常好，可是真正做起来，那就是有兴致的时候我给他讲故事讲得头头是道，可是心情不好的时候，我就一点都不愿意讲。"……

阅读兴趣单一时如何引导？一个三年级的孩子，从小挺喜欢读书，但喜欢读的都是些漫画、小说，家长感觉这些不太有营养，想要引导孩子多读点经典好书。像《夏洛的网》《假如给我三天光明》《鲁滨逊漂流记》什么的，家里买了一堆，也不见孩子去看，问起来孩子都说没兴趣。要怎么引导孩子才好呢？

三、锦囊支招

阅读的重要性大家已经知晓，给孩子一个独立的书架，布置好阅读环境是非常重要的。无论身为家长还是教师，无论布置的是家还是教室，只要我们真的把书架用上了，阅读环境布置好，越小的孩子越能够喜欢上阅读。家庭阅读环境的要素，分为两个：

1. 家庭藏书

美国国家教育进展评估（NAEP）的结果显示，家庭藏书越多，孩子的写作、阅读和数学能力就会越强。

据新闻报道，美国内华达大学发布过一份研究报告，他们调查研究了27个国家的7.3万名学生，发现家里有藏书比没有藏书的孩子，大学毕业的比例高了20%。并且，在中国大陆，家庭藏书500册以上的，孩子接受教育的时间比没有藏书的家庭，平均多出6.6年；在美国，则多出2.4年。家庭藏书，让家庭成为孩子的精神家园，能让孩子在书的气息中耳濡目染，生活在阅读的世界里。

2. 陪伴阅读

从理论上讲，7—9岁是儿童的良好习惯（包括心理习惯和行为习惯）形成的关键期，同时也是儿童各项能力的发展黄金期，其中最为重要的就是理解能力的发展，这种看似复杂的能力，却可以用一种能力的发展培养出90%以上，即"阅读能力"。陪伴阅读时需要做到以下三个方面，阅读能力、理解能力才能发展起来。

注意阅读的持续性和连贯性：每天要有固定的阅读时间，而不可以喜欢就读，不喜欢就不读了，这样不会养成好的习惯。

一年级：引导孩子进行大量文字性阅读，以不断提高孩子的理解能力。

二年级：引导孩子进行大量文字性阅读和看图写话训练，以不断提高孩子的理解、归纳和总结能力。

三年级：引导孩子进行大量文字性阅读，同时运用方法和工具让孩子喜欢上写作文，以不断提高孩子的理解、分析、归纳、总结和表达能力。

四年级至六年级：引导孩子进行大量文字性阅读，同时运用方法和工具让孩子进行阅读和写作训练，以不断提高孩子的理解、分析、归纳、总结和表达能力。

阅读量的累积：在7—9岁的小学阶段，除了要让孩子把精力投入课本和作业之外，也要注意让孩子阅读，由于小学课本考虑到全国适用性，远远不能满足一个孩子的大脑成长的需求。只有博览群书、海量阅读，广泛涉猎各类书籍（如天文、地理、历史、物理、化学、生物、哲学、艺术等等），才可以让孩子的智慧不断发展，最终形成一种强大的发展能力！

按照要求建议小学1—6年级的阅读量为：

一、二年级孩子每年的阅读量不能低于100万字（正常是100万—200万字）；二、三年级每年的阅读量不能低于200万字（正常是200万—300万字）；四、五、六年级每年的阅读量不能低于300万字（正常是300万—500万字，有的阅读量大的孩子每年可以达到1000万字以上）。

留出阅读时间：每天给孩子留出30—60分钟的阅读时间，这个做法看似简单，其实威力巨大无比。它不仅是让孩子养成阅读习惯的必备条件，而且在孩子阅读的起步阶段，堪称一招让孩子迷上阅读的"杀手锏"。

3. 购置书架

在家庭里，尽量让孩子拥有自己的书架。通过书架的独立，让孩子感觉到精神上的独立。

孩子的书架，可以正经八百地单独购买，条件有限的话，也可以用几块木板直接在书桌上搭建，甚至给孩子一个纸箱来装书。最重要的是通过这种形式，让孩子的精神生活拥有一个相对独立的领地。

更用心的做法是准备一个图书展览架，随时利用。也就是像咖啡馆里用来平铺展示图书那样，家长可以把希望孩子读到的图书，不动声色地分期分批从书架上取出，放到展览架上，来直接吸引孩子的目光。

四、要术概要：藏书陪读购书架

1. 家庭藏书。藏书让家庭成为孩子的精神家园，能让孩子从小浸润在书香里，生活在阅读的世界里。

2. 陪伴阅读。陪伴时需要做到这三个方面：注重阅读的持续性和连贯性、关注阅读量的累积、留出每日阅读时间，孩子的阅读能力、理解能力才能发展起来。

3. 购置书架。在家庭里，尽量让孩子拥有自己的书架。通过书架的独立，让孩子感觉到精神上的独立。

第 5 节
省钱省心的学具添置清单

锦囊要术：分年级按学科购买

一、教师观察

1. 被家长忽视的学具

对于孩子来说，一份小小的学具，是很重要的。可以避免他们因没有学具而产生自卑；避免他们因没有学具，而影响正常学习；避免他们因没有学具，而被老师指责……

一份小小的学具，对每个家庭来说，是微不足道的。很多家长，可以为孩子买昂贵的玩具、服饰、食物，可是到学习用品上，能省就省。有时可能不是想着省钱，而是省事，因为学具这些小东西，琐碎，今天要这，明天要那，看着不花几个钱，要备齐却也很费时间。但是这些对孩子来说，却会是天大的事情。一到课堂上，当别的孩子用啥有啥，而他只能干瞪眼时，孩子的自尊心就会受到伤害；老师可以照顾他一时的情绪，但不可能次次都容忍。

这样想的话，孩子按要求准备好学具，不仅仅是完成学习任务，更是培养孩子按要求做事的一种习惯。

2. 规则、纪律 vs 自由、随意

北京的一所重点小学在招生时，对孩子有一项测试，就是"按老师的指令做事情"，看孩子能不能及时完成老师布置的任务。有的家长因自己的孩子没有获得入学资格而提出质疑，认为夫妻双方都是高学历，为什么自己的孩子连入学这一关都过不了呢？

按要求做事，不仅仅是成人需要做到的，对孩子来说，也是要从小培养的。我们提倡孩子个性发展，但该遵守的制度还是要遵守的。就像走路要看红绿灯一样，难道因为我们要"自由"，就可以闯红灯了吗？

二、家长困惑

1. 文具选择"困难症"

孩子要上小学一年级了，家里的亲戚朋友都抢着给孩子买礼物。一周内，孩子收到了4个铅笔盒、3个书包。最初，还挺开心的，这么多的文具肯定能用好几年，这下家长能省不少事。谁知没几天，家长就觉得有些不对劲了。原来，面对漂亮的4个铅笔盒、3个书包，孩子挑花眼了，自己也不知道开学时应该背哪个书包、用哪个铅笔盒了。每过几天就要换一个文具盒，没事就在家翻腾文具。

2. 买文具＝爱学习

很多家长对于孩子要求购买新玩具的要求都会拒绝，唯独孩子要求买文具时很少忍心出言拒绝。一位家长说，她觉得孩子要求买文具其实是爱学习的表现，要是拒绝的话，可能会打击孩子学习的积极性。这样一来，孩子们手里便有了很多模样不同但用途相同的文具，于是书包、铅笔、转笔刀便堆成了小山。很多孩子都认为，既然是新学期，那么所有的文具就都要新的，于是八成新的书包、铅笔盒被淘汰了，铅笔、橡皮、本子更是要买上一大堆。

三、锦囊支招

每学期的开学季，都是文化用品市场繁忙、学校周边文具用品小店拥挤的火爆时段。新学期，家长们一定都在为孩子准备新书包、新文具、新衣服、新鞋子……那么，1—6年级孩子的家长怎样才能做到添置的文具及时有用，每学期开学又需要给孩子添哪些新的学具呢？其实，添置文具最好按年级和学科，分类购买。

1. 一年级

语文：

拼音卡。汉语拼音是一年级语文的重难点，一定要多拼读。所以，拼音卡是必不可少的。拼音卡包括声母卡、单韵母卡、复韵母卡、特殊韵母卡、前鼻韵母卡、后鼻韵母卡以及声调卡等。

数学：

小棒、小圆片。一年级上册数学主要学习20以内的数，小棒、小圆片能够训练孩子的数数以及加强对数的理解。

立体图形。正方体、长方体、圆柱体、圆锥体、球体，不管什么体，能找到的都来一样，家里的瓶瓶罐罐不要扔，指不定老师会要求用各种东西进行创意拼搭。

大正方形积木9块。把9块大正方形积木摆成3×3的九宫格，可以把自己喜欢的玩具按照一定的序列摆放整齐，练习前后左右的位置关系。

钟。一年级学习所用的钟表只需要两根针，时针和分针，用来训练时间的读法。

计数器。根据计数器上的算珠写出对应的数，或者根据算珠数量之和，写出所有可能的数。单凭讲可能孩子不太好理解，一边讲解，一边用实物演示，效果会好得多。

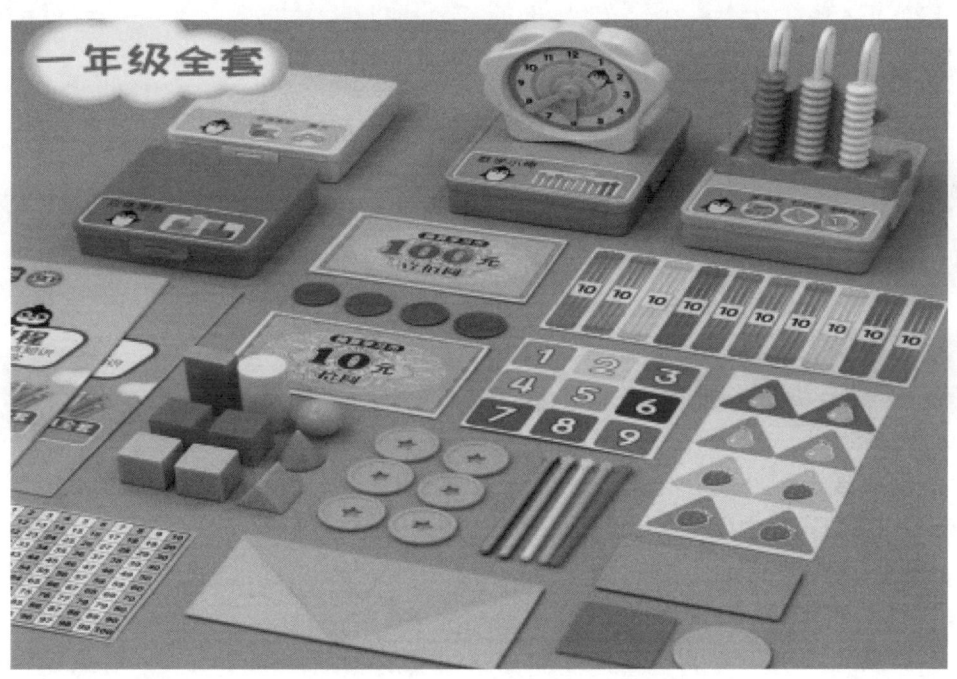

2. 二年级
语文：

带部首的字典。二年级上册语文要学习部首查字法，孩子刚刚开始学习部首查字法，会有以下两个疑问：哪个是部首？有两个部首的字选哪个部首？因此，选择一本内容带有部首的字典尤为重要。

数学：

米尺（1m）、刻度尺（20cm）。二年级要学习长度单位，但是对于孩子来说，米和厘米是比较抽象的概念，因此如果孩子能够用米尺和刻度尺来量量家里的东西，相信孩子就能对米和厘米有一个更加明确的认识。

一副三角板。孩子要会判断直角，三角板上有一个直角刚好可以用来判断，并且可以用三角板上的直角来画直角。

乘法口诀表（可手写）。

立体图形和平面图形。正方体、长方体、圆柱体、正方形、长方形、圆形、七巧板一定要有。

钟。因为二年级要学几时几分，所以请选择有两排刻度的：1—12，0—60。

3. 三年级

语文：

词典。三年级起，词语解释在语文的学习中占了一定的比重，有了词典，学生不懂的词语就可以翻一翻。

小学生必背古诗词。教育部最新颁布的《全日制义务教育语文课程标准》提出了背诵古诗词的要求，并列出了具体篇目。为了让孩子背诵翻阅方便，可以买带拼音和注释的版本，随手翻阅，经常诵读积累。

数学：

毫米、厘米、分米、米、千米进率表。

分数盘。

英语：

字帖。26个英文字母的描红字帖。

汉英字典和英汉字典。

4. 四年级

语文：

读书记录本。一、二、三年级属于中低年级，四年级就属于中高年级了，做好读书笔记，能够为写好作文积累素材。

数学：

计数器。第一单元要学《大数的认识》，除了要准备计数器之外，家长还可以帮孩子多准备几张数位卡。

数位卡。数位卡就是写着各个数位的表格，刚开始学习的时候，不管是读数也好，写数也罢，数位卡都能派上用场。

计算器。四年级上册有计算器的学习内容，先备着。

两副全套尺子。全套尺子包括：直尺、三角板、量角器，四年级上册的第三单元要量角、画角，第五单元是平行与垂直，要学习平行四边形和梯形，也就是说要会画平行线和垂线。一套不够，因为有些拼角的题目需要用到两副三角尺。

5. 五、六年级

语文：

字词句积累本。因为小学高年级，除了需要积累好词好句之外，最好把1—6年级学过的古诗文、谚语和名言警句抄写下来，方便复习。

数学：

错题本。小学高段的数学，更加注重学习的方法。同时高年级的孩子，家长也可以有意识地引导孩子养成自觉学习、自觉复习的好习惯。可以把作业本、考试做错的题目做一下整理，每次考试前拿出来复习。

圆规。六年级要学习圆的相关内容，所以小朋友们需要准备一下圆规。

值得一提的是，为了便于教学，现在的教材中也会同时配有相应的学具，因此购买和添置学具以老师每学期开学初的布置为准。

四、要术概要：分年级按学科购买

1. 分年级购买。每个年级都有不同的学习目标和要求，因此每个学期或学年都要及时添置学具。

2. 按学科添置。每门学科都有不同的学习任务，所以购买文具可以结合老师的教学进度，关注老师的购买提醒通知。

3. 要节俭环保。并不是所有的文具都要年年换新，并不是购买文具就是爱学习的表现，购买文具也应该节俭环保。

第 6 节
不可小觑的《家校联系本》

锦囊要术：家校联系一本通

一、教师观察

学生来自不同的家庭，他们的个性、习惯、兴趣、爱好等存在很大的差异，教育学生，如果得不到家长的配合和支持是事倍功半的。因此，学校加强与家长的沟通合作是教育学生的重要方式。

对于家校合作，教师有教师的职责，家长有家长的作用，双方的关系要在信息畅通的前提下，发挥合作的力量。家长对孩子在学校的事情太不在意，或者太过于依赖老师，都不是可取的方式。

1. 对家校沟通"不上心"的家长

常会听到老师们在办公室里感叹：哎，发下的学校活动反馈单，有些家长根本不知道学校活动通知单这回事，可能是孩子回家忘了告知家长，可能家长很忙也没有关注班主任老师在班级信息群里的提醒。有些家长倒是写了大大的"阅"，但"阅"了啥？该来参加的亲子活动还是没参加，提醒孩子准备的活动用品还是没有提前做好准备。那么大一个"阅"，看着一点都不"悦"。

让家长签字，教师的初衷是为了帮助家长及时地掌握孩子在校实时动态和阶段变化。借助这一反馈，教师可以大致了解家长对孩子的在校表现是否关注。每个班级总是存在对孩子在校的事情比较不上心的家长。

2. 对老师教育"太依赖"的家长

"老师，孩子最听您的话，孩子就要靠老师教，孩子不听我的，您帮我跟孩子多讲讲啊！""孩子又惹事了？老师，您该打就打，该骂就骂，我们家长全力支持您！""老师，最近单位忙，确实很忙，没有时间和精力照顾孩子，请老师在学校多帮忙关照关照啊！"这是老师就孩子在校表现与家长沟通时，经常听到的部分家长反馈。

孩子的成长具有很大的不确定性和可塑性，大部分家长都希望得到老师对孩子在校表现的及时反馈，以便在最恰当的时机对孩子进行有效教育和合理调整。家长应该摆正自己的位置，明确自己的重要性。显然，用以上语言与老师沟通的家长，已经把自己在孩子教育中的作用和地位放到了老师的下位。相信、支持老师与依靠、拜托老师是两个不一样的关系层级。

家长会削尖脑袋，想尽办法送孩子到最好的学校，进最佳的班级，选最优的教师，但唯独没有给予孩子的是家长最暖的陪伴。奥巴马在回忆自己当总统阶段最满意的事情时曾说：我最满意的是，对孩子的陪伴没有减少。在与时俱进的社会发展中，每个人似乎都在忙碌奔波，但我们每个人，或者绝大部分人真的肯定没有比当总统时的奥巴马更忙碌。忙碌的家长，错过了不可逆的孩子教育成长期，错过了最可贵的可塑发展期，这背后的代价是无法估量的。

二、家长困惑

看到孩子上学一天后回来，作业本落学校了，文具袋里只剩下一支可怜的铅笔头，脸上、身上花猫似的涂满了颜料……真不知道，孩子这一天在学校里经历了什么。孩子小的时候，通常都说不清楚；年纪大了能说清楚了，但又不大肯跟家长说了。有的家长还会觉得，老师那么忙，为孩子一点小事就打电话给老师似乎不合适，更何况一个班级有那么多孩子，老师若总是要接这样的电话与家长沟通，得花多少时间和精力啊。这样想着，家长即便很想了解也就不便打扰老师了。

家长对孩子在校表现"不上心"和"太依赖"教师，都容易造成教育合力的失衡。如果家长想跟老师沟通，保持联系，用何种方式合适，什么时间最方便呢？这也常常是家长的困惑和苦恼。

三、锦囊支招

学生的健康成长需要学校、家庭和社会形成合力加以保障，尤其是需要家庭和学校齐心协力、齐抓共管。教师在学校做再多的努力，如果得不到家长的配合和支持是事倍功半的，所以加强和家长的沟通是极其重要的。如何及时了解学生？如何与家长保持沟通？《家校联系本》可以成为班主任老师与家长、学生之间的好帮手。

1. 内容设置

"**班主任赠言**"：比如"让规范成为习惯，让习惯成为自然"，这也是班主任带班育人最核心的理念与要求。

"**常规作业**"：比如朗读课文、背诵英语、课外阅读、自主运动，这些都可以成为作业栏的常规项目，以此让孩子养成自主学习的习惯。

"**当日作业**"：比如语文、数学、英语、科学，按学科分类设计。

"**自主作业**"：比如留出空白的一栏，用来记录自主复习、自主学习内容。

"**每日一语**"：让学生更具体、真实地看到自己的成长。

"**行规反馈**"：比如百分制的加分、减分以及原因，可让家长及时了解孩子在校的行规表现。

"**作业反馈**"：如有忘带、落做的作业，可以在此记录，提醒孩子，告知家长。

"**家长留言**"：家长通过浏览以上孩子在校、在家的表现与记录，如果觉得有必要，可以借助《家校联系本》与孩子或教师进行书面沟通、反馈。

《家校联系本》还可以在"化被动为主动"的层面上做些改进，比如添加"周学习计划""月学习计划""学期学习计划"的表格设计，使学生从被动应付转为主动发展。也可以新增一些德育内容，比如添加"名人名言""每天最得意的事""我做了哪些家务""我为班级做了什么""一天小结""一周小结""一月小结"，让学生更具体、真实地看到自己的成长，转他律为自律，让学生在自我欣赏中完善自我。

2. 具体做法

形成共识：开学初，教师、学生、家长三方就《家校联系本》使用说明达成共识。

上交时间：每天到校晨读前（周六、周日除外）。

教师批改：教师全班批改，针对近期特别需要关注的对象进行精批，利用评语给孩子或家长以专业的建议、评价。

家长反馈：家长尽量做到当天阅读，根据实际内容给予相应的反馈与互动，没问题或小问题则言简意赅地反馈，重要情况请构思好再与孩子进行有效交流。

3. 重要价值

维系家校感情的纽带

《家校联系本》给老师与家长提供了一个交流的平台，它不仅仅是孩子在家校的学习生活状况的信息交流，更是家长与班主任的教育理念、教育方法上的交流。

折射学生现状的明镜

作业登记清楚、字迹端正的,告诉我们这是认真学习的孩子。书写潦草、大片空白的,则反映出孩子存在问题。

搭建师生沟通的桥梁

而"每日一语""每周计划"等自主性栏目,更能折射出孩子的情绪与态度。流露出孩子的价值观、情感经历和处事态度。

《家校联系本》是促进孩子养成良好学习、生活习惯的一个重要载体,不仅是孩子学习的他律轨迹,也是孩子心理成长的自律轨迹。当然,《家校联系本》是否使用、怎么使用,也需要家长与老师达成一致的认识和默契。

四、要术概要:家校联系一本通

1. **精心设置内容**。《家校联系本》在内容设置上要体现"他律"与"自律"。

2. **明确具体使用方法**。《家校联系本》的具体使用方法,教师、学生、家长三方要达成共识,并进行持续的批改、反馈和总结。

3. **体现重要价值**。《家校联系本》的作用和价值在于维系家校感情、反映学生现状、保持师生沟通。

第二章　环境布置术

譬犹练丝，染之蓝则青，染之丹则赤。

——（汉）王充

人，特别是未成年人，他们的可塑性是很强的。好像白色的丝一样，放到蓝色的染缸中，就成为青丝；放到红色的染缸中，就成为赤丝。这句生动的比喻，给了各位家长一个启示：我们想要孩子成为什么样子，就要创设有利于孩子成长的环境，让孩子在环境中潜移默化地朝着自己心目中的那个样子成长。

第 1 节
干净和整洁

锦囊要术：分内开始多鼓励

一、教师观察

作为教师，我喜欢走进干净整洁的教室上课。当教室到处都是随意散落的学习用品、东倒西歪的课桌椅，讲台桌面上杂乱地放着各种没有名字的作业本、长短不一的粉笔，书柜里的图书东倒西歪，垃圾在脚下被踢来踢去，即使班级里没有发生孩子打闹争吵的事情，也会莫名心烦。

成年人尚且容易受到凌乱环境的负面影响，变得烦躁易怒，自控力不足和价值观还未形成的孩子更难免在这样脏乱的环境中深受其害。

在学校里，老师会在每节课下课的时候提醒孩子做好"三整理"：整理桌面，及时换上下节课的书本和学习用品，整齐摆放在桌面上；整理桌椅，把椅子推进桌下，摆放整齐后再离开位子；整理地面，低头弯腰看地面是否有垃圾纸屑，有的话及时捡起送进垃圾桶。有些孩子一年级就养成了这个习惯，而有的孩子到六年级了还是没有养成"三整理"的习惯。

有经验的老师看孩子上课时桌椅是否整齐，离开教室时地面是否干净，放学回家时着装是否整洁，就能判断这个孩子的学习习惯和学业成绩。

据哈佛商学院的某个调查显示，一所学校中课桌收拾齐整的孩子往往是成绩优异、乐观开朗的孩子，因为整理使得他们学会了规划、学会了耐心，心无积尘，面目清明。

整天身处凌乱环境中的孩子，通常会变得暴躁、焦虑和易怒。成年后，他的工作和生活也可能会是一团糟。一个没有秩序感的环境，会让孩子的内心也没有"秩序"。

因为，人是一种需要秩序感的生物。

二、家长困惑

如果孩子经常找不到东西，家长是不是首先想到是要教育或责备孩子？那原因真的在孩子吗？我们不妨看看下面两个案例。

1. 大大咧咧的家长

儿子放学后，经常把书包随手乱放，做完作业后也不收拾学习用品和书，扔得到处都是。

每次见此情景，虽然觉得不对，我也没有说太多。一天早上，赶时间去学校前找不到书包了。我有些生气地说："让你到处乱放书包，找不到书包就要迟到了，看你怎么办。"

儿子看了我一眼，说："还不是家里乱糟糟的，所以书包才会找不到。"

儿子说完后，我看了一眼房间，整个客厅非常凌乱，卧室里更是杂乱不堪，被子没有叠，鞋子到处乱放，我真不敢相信这是自己的生活环境。

我和妻子都是大大咧咧的人，很少收拾家里。

每次回家，我都感觉自己累瘫了，就躺在沙发上刷朋友圈。刚开始，妻子还会稍微收拾一下，但后来她也厌倦了，因为每天的工作也让她很累。

时间久了，我们养成了懒惰的习惯，除非家里来客人，否则基本上不愿意主动去收拾。下班回来，累瘫在沙发上，啥事也不想做。

时间长了，我们两个人的行为严重影响了孩子，他放学回家后也开始变得懒散，做完作业后就躺着看电视，书到处乱放。

其实，家长的行为深深影响着孩子，一个房间凌乱的家庭又怎么会养出习惯良好的孩子呢？孩子的行为只会比家长更严重，不懂得收拾，不重视个人卫生，甚至没有丝毫的集体卫生意识。

2. 保姆包办的家庭

我和先生都是高学历的行政管理人员，工作都很忙，所以家里请了保姆。家里打扫、整理，接送孩子的事情都由保姆完成。家里啥都不缺，郁闷的是儿子的学习成绩一直不好。

后来我跟儿子沟通，儿子说："每次回到家，我心里就很烦闷，一点也不想做作业，感觉很压抑，很无趣。"

一开始，我以为是孩子为学习不好找的借口，直到跟老师了解了孩子在学校的表现后才知道保姆包办一切对孩子的影响有多大。尤其是小学 1—6 年级的孩子，家长更应该重视习惯培养，为他们的后续学习和发展打好基础。

家里的保姆会把卫生做得特别好，按时接孩子上下学，会答应孩子提出的大部分要求，比如整理书包、准备学习用品、为孩子端茶送水……以此讨孩子的开心满意。

长期的包办代替，让孩子越来越会偷懒，找什么都要保姆帮忙，什么事情都不想自己动手，直到后来孩子打电话回家要求送书本、送作业的频率越来越高，学习成绩越来越退步。

我们意识到这个问题的严重性后，会经常挤出时间陪他收拾房间，时间长了他养成了一个良好的习惯，找东西再也不用翻箱倒柜了，所有的物品摆放得都井然有序，更让我欣慰的是孩子的学习成绩上去了。

学会整理自己的房间，在劳动中体验快乐。有秩序的环境当中，藏着孩子的未来。

三、锦囊支招

哈佛大学一项长达20年的研究表明，爱做家务的孩子跟不爱做家务的孩子相比，就业率为15∶1，前者收入比后者高20%，而且婚姻更幸福。

中国教育科学研究院对全国2万个小学生家庭进行的调查也表明，在家做家务、家里干净的孩子比不做家务、家里邋遢的孩子成绩优秀的比例高了27倍。

还有很多实例证明，想要让孩子成为精英，让他做家务，把家里收拾干净是必不可少的。超级豪门洛克菲勒家族传了六代，代代精英，没出过一个败家子。就是因为承袭了家规，从小让孩子记账和做家务。因为从小就帮家庭分担劳动，所以每个孩子都独立朴素，不骄不躁，长大后都成了各个领域的精英。

孩子不论年龄大小，都是重要的家庭成员，所以告诉孩子他们在家庭中应该负起的责任是很重要的，而承担家务、打扫房间则是最好的方式。

如何更好地引导孩子做家务？

1. 从分内家务开始

让孩子从个人分内家务开始学习，提高生活自理能力。如：自己学习将衣服穿好、放好，自己的玩具自己收拾好，把脏衣服放进篮子里。房间凌乱的家庭，难以培养优秀的孩子。

2. 列出家务计划表

父母可以设计一份家务计划表，并和孩子一起讨论他能做些什么？想做些什么？

开窗通风：经常开窗通风，可以置换室内的混浊空气，保持空气的清新，让人感到神清气爽。

整理床铺： 每天早上整理床铺是一个简单而有益的习惯。每天早上花两分钟整理你的床铺，卧室会看起来更整洁。晚上钻进一个整洁、干净的被窝里，该是多么美好啊！

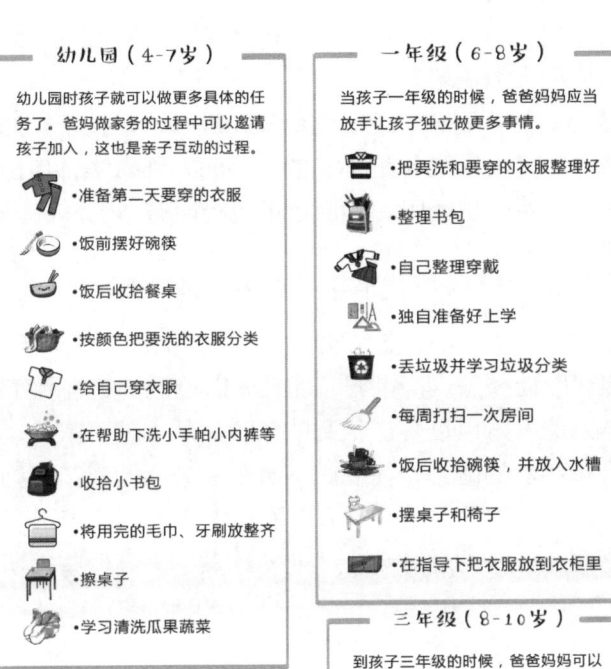

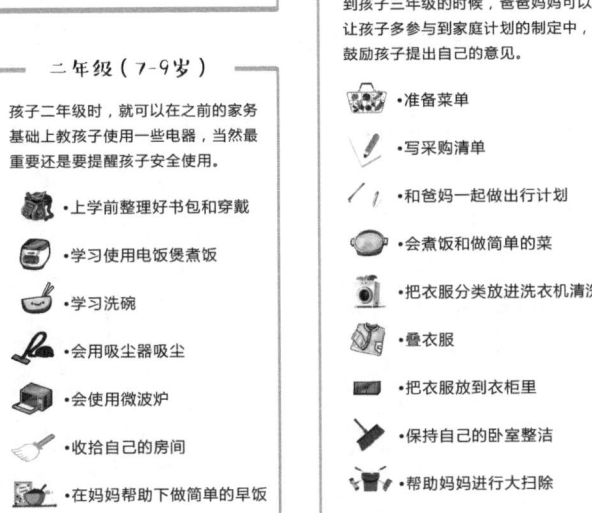

有一点你可能很难相信，那就是每天整理床铺可以提高你的幸福感！

扫地、擦桌子：可以让孩子自己尝试着去做，或由父母教孩子如何做。

整理书桌：先划区域定位置，再按区域摆放各类学习用品；按二八法则，常用的露出来，不常用的藏起来；损坏、破旧的学习用品及时清理舍弃。

3. 明白做家务的意义

根据孩子的年龄，选择其力所能及的家务活，不宜难度太大，以免孩子因挫折而产生抗拒和畏惧情绪。

无论孩子做得如何，别忘了给予他赞美和鼓励，让孩子知道，他做的每件"小事"你都看到了，因为年纪小，能力、耐力都有限，自然不如大人做得纯熟。但是没有关系，爸爸妈妈知道孩子已经很努力了。

此外，夫妻俩对家务要妥善分工，让孩子有正确认识，"家"是属于每个人的，所以家里的每一件事，大家都有义务去做。

不要把孩子保护起来而不让他们劳动，也不要怕孩子的双手会磨出硬茧。通过劳动，不仅可以让孩子认识世界，而且可以让他们更好地了解自己。

房间凌乱的家庭，难以培养出优秀的孩子。从小就干家务、收拾房间的孩子，适应社会和环境的能力，往往比不会干家务活的孩子要强，更懂得照顾自己和他人，这样的孩子，更受别人喜爱和欢迎。

所以，舍不得让孩子劳动才会害了他，让孩子学会做些力所能及的家务活吧！

四、要术概要：分内开始多鼓励

1. 从分内家务开始。让孩子从个人分内家务开始学习，提高生活自理能力。

2. 列出家务计划表。设计一份家务计划表，和孩子一起讨论他能做的家务和想做的家务。

3. 明白做家务的意义。难度适宜，无论孩子做得如何，及时给予赞美和鼓励。通过劳动，不仅可以让孩子认识世界，而且可以让他们更好地了解自己。

第 2 节
有用和好用

锦囊要术：划分区域巧装饰

一、教师观察

孩子爱不爱学习，跟房间有很大的关系！当然，决定孩子爱不爱学习的因素很多，但学习的环境绝对是一个重大的因素。为什么呢？

心理学认为，环境能影响孩子的情绪和态度。尤其是孩子学习的房间或位置，会影响孩子的专注程度。

有一次，我去一个一年级孩子的家里家访，这个孩子上课专注力不够，经常从家里带些新奇的文具或玩具到学校，上课的时候就偷偷地在抽屉里做小动作。家长反映，每天放学回家孩子总喜欢玩玩具，不喜欢写作业，写作业速度慢，很拖拉。出于关心，我特意去孩子的房间参观。机器人样式的台灯、小黄人纸巾盒、蜘蛛侠等玩偶随处乱放，飞机形状的顶灯发出五颜六色的炫彩灯光，整个房间的墙壁贴了鲜亮的蓝色墙纸，墙纸图案是几条鱼在蓝海中"畅游"。我瞬间明白了，把孩子置身在童话的世界没错，可一屋子的玩具，目之所及的跳跃色彩，怎么让孩子静下心来，好好学习呢？

再去班级里学习成绩优秀、习惯良好的孩子家里家访，我看到的孩子房间则完全相反。孩子的父母都是高校的老师，整体房子的装修很简约，孩子的房间很简洁，但莫名地觉得进了房间后很想看书！房间内除了床，就只有一张书桌和一把椅子，没有其他。光溜溜的墙壁是普通的乳白色，台灯是最普通的我们常见的护眼台灯，书桌前是一排整齐的课外书和报刊，旁边还有一本新华字典。家长说，孩子在家学习主动，很爱学习，从来不需要父母督促。

如果想让孩子爱上学习，就一定不要忽略房间的细节对孩子情绪和注意力的影响。

二、家长困惑

1. 注重好看

有些家庭为迎合小朋友的喜好，会把孩子的房间涂成孩子喜欢的颜色，比如男孩子为蓝色，女孩子为粉色。但从学习的角度来说，这些颜色是不适宜的。蓝色会让人忧郁加重，粉色容易让人孤独，其他比如红色、深黑等过于强烈的色彩，会让孩子焦躁不安。所以，孩子学习的地方，墙壁最好是乳白色的。

一些家庭注重搭配，比如在男孩子的房间会摆上男孩子喜欢的各种玩具，女孩子房间摆上各种芭比布偶等，高悬稀奇古怪的饰物，就连台灯、水杯、纸巾盒都配上相关的卡通风格。这是不建议的，这会让孩子置身于某种跟学习无关的氛围中，比如上文提到的第一个孩子被周围的物品吸引，在玩玩具而不是写作业。过多的装饰，跟整洁背道而驰，有研究表明，房间干净整洁，能提高孩子的记忆力。

2. 讲究新颖

有些孩子的房间会装些明暗不一，甚至不同色彩的灯。心理学认为，明亮的颜色可以使孩子心情舒畅，颜色较暗的房间容易让孩子情绪低落、学习动力不足，而且花哨的灯光会让孩子分神。孩子学习的房间，建议使用光洁明亮的白色灯光，既能让孩子看书学习时光线充足不影响视力，又不会给孩子徒增不必要的负面元素。

孩子在圆形或不规则形状的房间内学习，容易分散注意力，如果让孩子置身于方形的房间，孩子的注意力会比较集中。所以，孩子学习的房间，记得要方正。

观察一个孩子的房间，就能大概知道这个孩子成绩的好坏，这是不无道理的。如果想让你家孩子爱上学习，家长不要忽略以上因素。如果发现孩子的房间存在不妥元素，一定要记得及时撤除，重新布置一下孩子的房间。

三、锦囊支招

1. 划定区域功能

孩子长期在固定的场所做固定的事情会形成对地点的定向作用，即当孩子来到那个区域的时候，就会条件反射地想到要做与这个区域相匹配的事情。

设定睡眠区域：首先就是要有充足而舒适的睡眠，这样才能保证孩子的

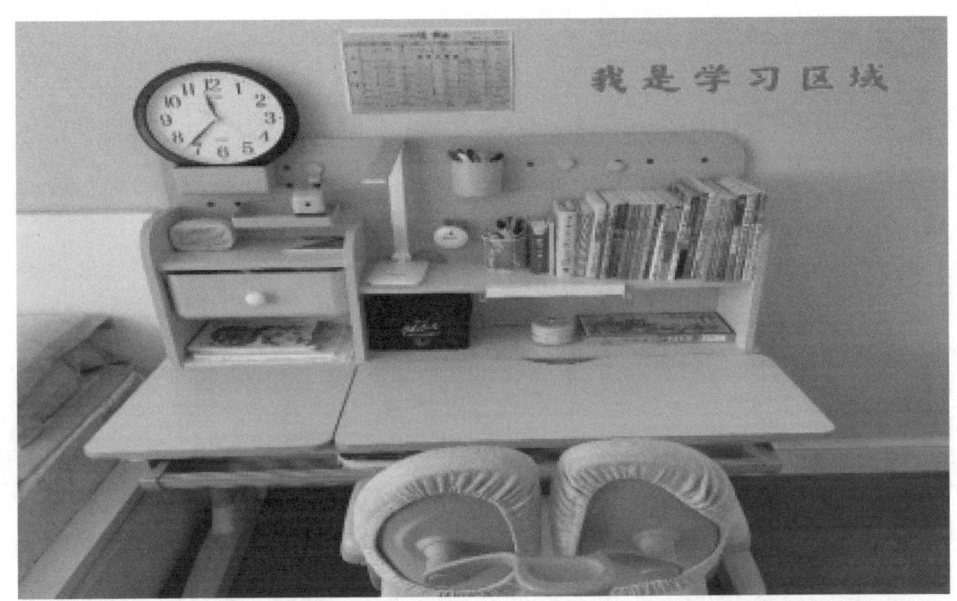

学习效率。划定一个不易被影响的睡眠区，确保睡眠不被打扰，同时配上柔和的光源，比如小夜灯等，避免强光刺激。

优化学习区域：上了小学以后，画画、读书、写作业的区域是必不可少的。可以选择简单实用的书桌，利于孩子集中精力学习。

创造活动区域：儿童房应当避免家具过多，过于拥挤，要留出足够的活动空间，这样有利于孩子开朗性格的形成和创造力的培养。

2. 采用色彩搭配

上学后，孩子的房间可以以乳白色为主，在软装上用色彩进行点缀和装饰。比如男孩的房间软装建议选择青色系列，如蓝色、青绿色、青色等；女孩的房间软装建议选择红色系列，如粉红、紫红、橙色等。

3. 装饰空间墙面

房间应该是让孩子展示个性、激发创造力的地方。根据孩子喜好张贴色彩明亮简洁的墙纸，贴着孩子自己的画作，会让小小的空间瞬间充满生机！

每个小孩的个性、喜好都有所区别，对房间的摆设要求也会有一定的差别，家长们在布置房间的时候还可以与孩子多聊聊，这样做能使家长更了解孩子，也能让孩子共同参与设计、布置自己的房间，提高其自主性。

四、要术概要：划分区域巧装饰

1. 划定区域功能。 让孩子长期在固定的场所做固定的事情，形成地点的定向作用。

2. 采用色彩搭配。 利用软装的色彩搭配增加房间的明亮度，让儿童情绪稳定、愉悦。

3. 装饰空间墙面。 适当装饰空间墙面，让小小空间瞬间充满生机。

第3节
去除不必要的干扰

锦囊要术：健康环保且恰当

一、教师观察

布置婚房的时候，一对新人总会对儿童房充满期待和幻想。虽然孩子还没有出生，但带着一切以孩子为中心，一定不能让孩子输在起跑线上的美好愿景，新婚夫妇总会提前过于讲究地布置和准备儿童房。提前和过于讲究的儿童房布置，常常会在孩子出生真正使用的时候，才发现其有欠考虑的不当之处。

在儿童房的布置上，常有以下几个误区，需要引起家长的注意。

误区一：房间花哨，孩子多动

经调查发现，孩子多动的起因正是那间色块跳跃、塞满玩具的小房间。长期生活在有太明艳的色块和复杂的摆设的环境中，容易使孩子产生焦躁不安的心理，难以集中注意力。而初到学校上课，教室的布置和家里的小房间差异过大，更使孩子难以适应。

由于儿童房常常结合了书房和卧房两大功能，因此其布置也应该以舒适实用为主，色调要柔和，不要有烦琐的装饰。在玩具方面，除了孩子最喜欢的一两个可以放在外面，其余最好摆在固定的玩具柜内，或者放在客厅里。孩子物品的摆放要有规律，这样可帮助他们养成有条理的好习惯。

误区二：床靠外墙放，思想难集中

有些父母喜欢把孩子的床靠着外立墙摆放，认为有利于采光和空气流通。其实，临街墙壁的内外立面在温度、湿度上常常存在较大差异。孩子睡觉如果把身体一侧靠着墙壁就很可能留下风湿的隐患。

孩子的床应放在和其他卧室相邻的墙边。孩子睡觉的朝向也以头向东南脚向西北为好。

误区三：书桌靠窗摆，并非最佳

窗口有较好的采光，所以大多数人把孩子的书桌摆放在靠窗位置。事实上,过亮的光线,经常产生的炫光,容易使孩子眼部疲劳。而一些外部环境较嘈杂、景致不佳的外窗,也会影响孩子学习时注意力的集中。因此,临窗的书桌并不一定是适合写字看书的最佳场所。

如果窗外噪音较大,可考虑装双层玻璃,或双层窗隔离噪音。自然光不一定是最好的书桌采光,书桌的灯光应从一侧集中到桌面,最好采用可调节亮度的灯具。

二、家长困惑

儿童房的装修布置,大部分家长会考虑到物品齐备,风格统一。对于一个不断成长发育的孩子来说,家长最不清楚的就是如何从"规划"和"细节"方面进行综合考虑。

1. 如何进行规划?

孩子在不同成长阶段有不同的特点,比如说0—3岁的孩子,居室布置方面可以少考虑其他,只要有利于孩子的健康成长就好;而6岁以上的孩子,就应考虑如何有利于孩子的学业;十几岁的孩子,还要考虑如何不分散他们的注意力,提升他们的学习能力。事实上,对于儿童房的设计,家长不太清楚如何给儿童房合理的规划。

2. 需要考虑哪些细节?

儿童房不应该只是布置得漂亮,还应有助于培养独立健康的性格,让他们的童年回忆变得更美好、更完整。有些孩子早上起不来,写作业也没精神,可能是装修时隔音处理没做到位;孩子赖床爱睡懒觉的问题是很普遍的,但这也许是儿童房的窗帘遮光出了问题;孩子要起夜上厕所,屋里黑漆漆会害怕,一只感应小夜灯就能解决问题……诸如此类的细节还有很多,这些也是初为父母的家长非常需要知道的儿童房装修细节。

三、锦囊支招

儿童房的布置可能比其他房间需要花费更多的心思,除了安全环保材料的选择,收纳也是儿童房永远绕不开的话题,东西越来越多,房间越来越乱,每天面对散落一地的玩具,家长总是十分头大。如何去除不必要的干扰,让孩子安全、健康并爱上学习呢?

1. 色彩不能乱,重点突出

儿童房墙壁的颜色和家具颜色宜使用冷色调,避免有强烈刺激作用的颜色,这有助于内心平稳、气血通畅。为了使色调统一,家具和摆设的颜色,可以与墙壁的颜色一致,再点缀一些和谐的色彩,如书柜里摆放小工艺品,墙上张贴装饰画等。

2. 空间不必大,整齐有序

6岁以上的孩子要规划安静写作业的空间,上小学之后,书桌、台灯成了标配,玩具退居二线。房间风格要简洁,避免杂乱的摆设扰乱孩子的注意力。照明要合适且充足,能够让房间温暖、有安全感,有助于消除孩子独处时的恐惧和焦虑,最好选择可调节亮度的灯具。

随着孩子长大,一定要辟出一个柔软舒适的读书角,或席地而倚、或桌前端坐,给孩子一个自由阅读的空间。小书架要丰富起来,选择高质量的童书、绘本。阅读有益的课外书,有助于孩子开阔视野、培养广泛的兴趣爱好,还能学习为人处世之道。喜欢读书的孩子,写出来的作文大多引经据典,内容充实,有深度,"读书破万卷,下笔如有神"说的就是这个道理。

3. 家具不需豪华,安全适当

设计巧妙的儿童房应该可以随时调整,随着孩子年龄的增长,打造适宜灵活舒适的空间。选择易移动、组合性高的家具是保证房间不断"长大"的最经济、最有效的办法。经常变换家具的颜色、图案或小摆设的位置，有助于孩子想象力的发挥。

可以随时画画的涂鸦板或者黑板墙是儿童房不可缺少的道具。有了它，就有了孩子天马行空的个性创作。

儿童房同样讲究"轻装修重装饰"，装饰品可以是孩子喜欢的物品或自己的作品，给孩子展示自己的空间。

四、要术概要：健康环保且恰当

1. 色彩不能乱，重点突出。儿童房墙壁的颜色和家具颜色宜使用冷色调，这有助于内心平稳、气血通畅。

2. 空间不必大，整齐有序。房间风格要简洁，避免杂乱的摆设扰乱孩子的注意力。

3. 家具不需豪华，安全适当。儿童房讲究"轻装修重装饰"，装饰品可以是孩子喜欢的物品或自己的作品，给孩子展示自己的空间。

第4节
定期断舍离

锦囊要术：四象限法断舍离

一、教师观察

1. 塞不下的抽屉

仔细去看看孩子课桌的抽屉，有的整整齐齐、清清爽爽。有的混乱不堪，物品爆满，这样的孩子班级里绝不会是唯一，少说也有三五个。

某节课上，要用到《课堂作业本》，小林在抽屉里掏了半天还没掏出来。见他着急，我也去帮忙，只见他课桌抽屉里该有的真没有，不该有的什么都有。游戏卡、从图书角借来的七八本未及时归还的课外书、小点心、牛奶、拆散了的机器人、模型刀枪、中餐发的没吃的好几样水果，其中一个橘子剥了皮吃了一小半……那桌子的抽屉不仅乱，还脏、臭！

同学们笑了，他自己都没想到抽屉里居然理出这么多东西。

2. 溢出来的柜子

教室里除了课桌，每人一般都还会有一个小储物柜。里面可以放有用但不常用的物品，比如美术用具、数学学具、字典等。检查柜子是否整洁，最直观的方法就是看是否有哪个柜子的柜门关不严实，或者关着的柜子里有没有露出某个物品的一角。除柜门损坏外，关不严实，说明里面的东西太多，而且没有按物品的大小或形状整理；露出物品的一角，说明东西是随意扔进去的，根本没有整理。

这样的检查法，一查一个准！有次打开一个关不严实的柜子，柜门一开，里面的物品"哗"地散落一地。那柜子里的东西真的是根本未经任何整理塞进去的，因为所有物品没有方向、没有秩序地堆叠在一起，等到东西太多的时候自然就散落一地了。

二、家长困惑

在学校，孩子的学习用品装不进抽屉，塞不进柜子；在家，也有类似的情况发生。下面两位家长反映的问题，也许也是大部分家长的心声。

1. 买买买和扔扔扔

养孩子就像滚雪球一样，球越滚越大，东西越买越多。自从有了孩子之后，家里的玩具堆成山，原来有序整洁的生活空间发生了很大的变化。

当我怎么也找不到孩子比赛要穿的那套礼服，上学要用的那张校讯通卡，作业要交的那份练习单……我感觉再也不能这样混乱了。于是，一个周末理出了孩子房间里决定要扔的物品：

- 孩子已经穿不下的衣服、袜子、鞋子
- 孩子的手工作品
- 孩子已经不玩的玩具
- 各种玩具包装盒
- 各种培训机构海报
- 干了的水彩笔
- ……

做完这件事，不但孩子的房间变得有序整洁了，而且我整个人都神清气爽了！但做出扔的决定需要时间，更需要智慧，怎么说这些东西都是一样一样选来，一件一件买入，所有物品都有记忆和情感，不是迫不得已，着实难以下手去扔啊！

2. 孩子物品收纳最痛点

家长们一致认为，孩子的房间收纳的三个最痛点是：玩具、书、练习纸。玩具不仅多，而且很乱！书是一个大问题，孩子的很多书大小都不一样。而且很多都很薄，没有书背，整理起来实在太难了！练习纸、教辅资料、文具……如果没有及时整理分类，一不留神就沉没在书堆或垃圾中无法辨别，无从寻找。

而孩子呢，只会要求买，只会负责玩，从来不收拾！

三、锦囊支招

关于某样东西要不要，关于断舍离，大家都明白应该要做，但是真的执行起来就不是那么容易了。

我们该如何摆脱断舍离的纠结呢？给大家介绍一种，来自日本生活整理收纳师协会的资深导师——铃木尚子发明的方法。

1. 判断物品断舍离的方法

她在《收纳的艺术》这本书中,就提到了在整理过程中能够更快速做出断舍离判断的四象限法。

最通用的四象限模型:这种划分方式是按照功能(使用或不使用)和情感(喜欢或不喜欢)两个维度来决定的。

对于同时具备功能和情感的物品,也就是那些你又喜欢又常常用的东西,当然是要继续留着,好好收纳起来。

对于那些只具备功能没有情感的物品,你不喜欢但是不得不用,比如你们家的开瓶器、螺丝刀、手纸,建议还是继续保留,但我们可以尝试合并功能,减少数量。

对于只有情感而没有功能价值的物品,你很喜欢,但是不会去用它,比如一些小时候的纪念品,或者你特别喜欢它的设计但用起来很不方便的杯子。建议首先减少数量后,再保存起来。这里的保存方式也要区别于我们对常用物品的处理方式,要么采用展示型收纳,要么就放到橱柜的深处或者高处收藏。

而那些既没有情感价值也没有功能价值的物品,也就是你既不喜欢又不会去用的东西,就直接扔掉吧。

2. 四象限物品处理建议

铃木尚子老师对上面四个象限的处理建议是这样的:

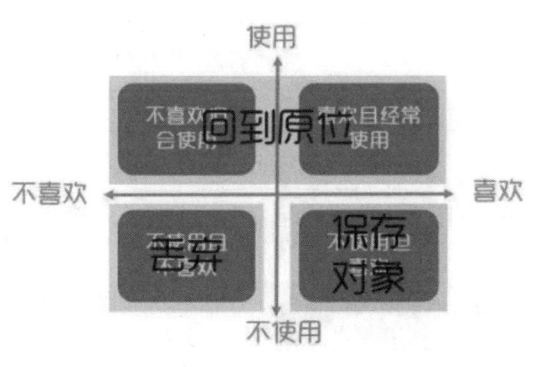

这样划分之后,对一件物品的"审判"是不是就可以不那么乱来了?说白了,就是让你们扔起东西来更理直气壮!

除此之外,还可以有很多种不同的划分方法。比如,按照颜值和功能分、按照价值和功能分、按照使用频率分。

3. 按照物品归属分的具体操作

第一步：整理之前，先找一张纸，把四个象限画出来，找到你喜欢和合适的判断模型（颜值或使用频率等）。

第二步：把要整理的每一件物品归到某一个象限中去，根据原则自动判断。

第三步：根据你的判断大胆去操作吧，扔掉的东西，保证你不会后悔！

家长们一致认为，孩子的房间收纳的三个最痛点是：玩具、书、练习纸。那这三样东西用"物品归属法"怎样整理呢？我们不妨来做一个实例示范。

不常用的，藏起来，甚至直接卖了，孩子常玩的玩具不会超过 20 个，多了反而造成他不珍惜物品、选择困难。

经常用的，分类放。需要一个孩子很容易拿和收的柜子，最好是抽屉，而且单个抽屉不能太大，要让孩子一眼看得到他想要用的东西。某宝搜索关键词"塑料抽屉收纳柜"，就可以买到便宜又好用的抽屉。

随手放的玩具盒。即便父母也做不到所有东西马上收拾，孩子也一样，需要一个临时缓冲区。可以给他一个随手方便放玩具的盒子，再培养他隔一段时间，把盒子里的玩具整理一次的习惯，才有可能让孩子学会自己收拾玩具。

随手可以放置的书架。书是一个大问题，孩子的很多书大小都不一样，而且很薄，没有书背，整理起来实在太难了！一定不能用成人的长书柜，因为书柜太长，书放得太多。孩子力气小根本就拿不动，也放不进去。所以，孩子的书需要两种神器：①有点像报刊架，不光容易拿，而且每本书封面都能看到，一目了然，适合放最常看的书。②办公用品架子。学习用品其实也是一样的道理，最好能分成触手可及的小抽屉，颜色最好也有所区分，而且最好是透明的，能直接看到里面是什么。

核心就是方便孩子自己收拾和拿放，让整理变得越简单越好。

四、要术概要：四象限法断舍离

1. 绘制四象限图纸。 整理之前，先找一张纸，把四个象限画出来，找到你喜欢和合适的判断模型。

2. 整理归位保存物。 对要整理的每一件物品，都把它归到某一个象限中去，根据原则自动判断。

3. 舍弃丢掉无用物。 根据你的判断大胆去操作吧，扔掉不必要的东西，让房间变得简洁有序！

第5节
必不可少的替换和更新

锦囊要术：认同之后精选择

一、教师观察

近年来随着社会经济以及现代电子科技的飞速发展，电子学习用品异军突起，受到了年轻人的青睐。

对于学习用品的替换和更新，家长们常持有两种不同的观点。一类是观念比较传统的家长，他们认为学习用品配齐橡皮、铅笔、练习本、尺子、圆规、文具盒、书包等就可以了，没必要花里胡哨地准备那么多流行的东西，既浪费钱，又有可能分散孩子的注意力。另一类是思想比较前卫的家长，他们觉得学习工具就要日新月异，孩子的学习才能跟得上时代，赢得过同龄人，用总比不用要好。

于是，班级孩子的学习用品就出现两类现象。观念比较传统家长的孩子，所有的学习用品都很"朴实无华"，基本上沿用了家长小时候上学的物品风格。思想比较前卫家长的孩子，只要市面上流行的学习用品，孩子的书包里、家里几乎能同步更新。

二、家长困惑

大部分家长一直默认"不能输在起跑线上"的教育观念，学生学习用品的发展潜力也就可想而知了。在三胎政策开放之前，社会特有的六个大人一个或两个孩子的供养方式，更让学生这一庞大的消费群体成为最坚挺的消费力量之一。

这一特殊消费群体所表现出的巨大时尚特性，已越来越多地吸引了商家的关注，其间的商机也越来越火热。于是，怎样给孩子选购学习用品，要不要给孩子添置电子产品，如何给孩子选择学习App就成了广大家长的困惑。

三、锦囊支招

现在市面上出现各式各样的电子学习用品、App，家长们对这种"新奇玩意"也似懂非懂，那么电子学习用品有哪些？哪一款学习 App 更适合自己的孩子呢？

1. 电子学习用品种类

学习机：是一种很普及的便携式学习设备。现在有些平板学习机还具有人机交互功能，可以模拟学伴、导师、助手的身份。

选购技巧：按照学习阶段，幼儿园一般选择早教机、故事机等，小学一般选择点读机、电脑学习机，初中一般选择数码学习机、电脑学习机，高中以上一般选择数码学习机等。

电子词典：是指将传统的词典中的内容转换为数字格式存储的文件，并且将它们保存在存储器中。电子词典具有词典、发音、通信、学习、记事本、计算等功能。

选购技巧：收录词典要原版；考虑电子词典厂家、外观和款式、功能等；全词典收录，保持完整性；词典要权威。选电子词典一定要选择知名出版社的知名词典。

点读机：是现代数码信息技术与最新教学需求相结合的一种能让课本开口说话、有声互动的学习工具，将文字化的书本教材变成能按学习需要任意发声的有声教材。它最大的特点就是：哪里不会点哪里；九门功课同步学习，全程贯穿中小学教材；还可以视频教学等。

选购技巧：注意必须是低电磁辐射的、健康的无线笔；点读机必须覆盖全部教材、内容丰富；点读机必须经久耐用，产品质量有保障。

点读笔：就是外形为卡通笔、点到哪里读到哪里的学习工具。相当于简化版的点读机。点读笔在图书上点不同的位置能发出不同的声音；可以同步翻译，是将汉语与外语互相翻译；可以玩益智游戏，可以把练习变成游戏；可以朗读复读英文、古诗词等。

选购技巧：选择市面上比较流行的点读笔品牌，质量比较有保障。选择点读笔，一定要有配套齐全的图书，而且图书内容和孩子年龄要挂钩。

复读机：是可以把声音存储下来并且重复播放的一种机器。是在便携式收录机的基础上改进后形成的多功能语言信号存取设备。

选购技巧：选购时要亲自试一下录音和复读功能，保真度、音质、清晰度越高越好。除了基本功能，还需要句段提取、末句回放、万年历、时钟显示、自动闹铃等实用功能。

计算器：主要用于完成简单的数学计算。它功能较弱，通常仅能完成算术运算和少量逻辑操作并显示其结果。通常被用于商业交易或帮助学生计算，是常见的办公文具之一。计算器的功能，现在的平板电脑和手机都具有。

选购技巧：要看速度，计算速度一定要快。还要保证得数不能错；按键灵活，按键不碍手；屏幕清晰，无痕迹。

2. 推荐几个好用的学习 App

以下学习 App 结合当下教育改革及教育信息化趋势，并参照小学教学的特点与规律，分为 5 大类别：素质教育与 STEAM 类、小学语文、小学英语、小学数学、小学升初中。

素质教育与 STEAM 类

App 代表：考拉优教、玩创 lab、钢琴智能陪练、爱科学等。

素质教育与 STEAM 是近年来教育领域的热词，尤其是 STEAM，在最新的教育政策中也被频繁提及。与此对应的是，众多企业已经先后在素质教育与 STEAM 方面展开了探索与实践。

小学语文

App 代表：古诗词典、快快查字典、爬梯朗读等。

目前，小学生使用的是部编版教材。部编版教材的最大变化，即语文课程学习先从认字学起，一改以往"先学拼音再认汉字"的传统；与此同时，阅读、亲子阅读的重要性也被一再强调。

小学英语

App 代表：少儿趣配音、可可宝贝、趣学世界等。

在小学英语分类中，App 的选择主要有两个方面的考虑：第一，从同步学习辅助的角度看，App 的内容是否能与当下所有的英语教材版本匹配，以科学合理的方式提供成体系的服务；第二，从激发小学生英语学习兴趣的角度看，App 是否能从小学生的年龄阶段出发，从听、说、读、写等方面培养小学生英语学习的兴趣。

小学数学

App 代表：天天练、小学宝、小盒学习、斑马等。

这几款 App 也是各有特点：天天练，从内容上看有小学数学的同步内容，也包含小学奥数内容，以短视频知识点 + 游戏化的形式进行呈现；小盒学习，注重培养数学思维；斑马，针对口算；等等。

小学升初中

App 代表：一米阅读、百度汉语、西窗烛、小学奥数、小学英语课堂等。

一米阅读，注重中小学生阅读习惯的培养，引导孩子阅读经典；百度汉语，有成语、诗词、文言文知识等；西窗烛，强调对古典文化的学习；小学奥数，提供视频；小学英语课堂，涉及小升初板块等。

综上所述，当孩子用电子辅助产品预习、复习功课时，对学习会有一定的帮助和促进作用。但不管课余的学习辅助工具多么"神奇"，传统的课堂认真听讲、勤记笔记等听课习惯不能丢，应该从小注重培养孩子的这些好习惯，课上不注意听、课下再补的学习方式要不得。

四、要术概要：认同之后精选择

1. **了解电子学习用品和学习 App。**电子学习用品和学习 App 能起到一定的辅助促进作用。

2. **传统的课堂学习方法不能丢。**传统的课堂认真听讲、勤记笔记等听课习惯不能丢。

3. **按照儿童的实际需求选择。**在了解产品功能后，对孩子学习有帮助的前提下选择电子学习用品和学习 App。

第 6 节
留白，让空间更舒适

锦囊要术：留空间培养爱好

一、教师观察

见过很多这样的父母，总抱怨孩子不爱看书，却没意识到家里根本没有一个能让孩子静下心来专心读书的环境和氛围。总说孩子不会自己收拾玩具，却没想过孩子根本够不到那么高的收纳柜。把儿童房弄得五颜六色，说这样才够童真，却没问过孩子喜不喜欢！

孩子的房间真的不是一个房间那么简单，毕竟儿童房不是缩减版的成人卧室，它关乎孩子心理、审美、性格、独立性等多方面的成长。儿童房不只是睡觉的地方，还承载了孩子不同成长阶段的需求。不同年龄段的孩子的核心需求不同，儿童房核心功能区也要随之变化。

要打造一间好的儿童房，孩子的性别、年龄、喜好、阶段需求等都应该是家长在布置儿童房前应考虑进去的要素。

二、家长困惑

为人父母，总想把最好的给孩子。对于儿童房的设计布置，更是如此。家长完全按照自己的想法来，孩子不一定会喜欢；完全按照孩子的想法来，很少有孩子能清楚地表述出能实施的方案。

不少儿童房里摆满了成套的定制家具，随着孩子年龄的增长，家长就后悔当时的装修过于精致、丰富。若在房间再添置一个书架，就显得有点逼仄；若在墙上放置一块软木板，做一些学习计划、学习打卡的粘贴，这样显然很破坏个性化墙纸的美观；孩子的奖品、奖杯越来越多，当时就没有预留这些纪念品的摆放空间。

随着"三孩时代"的到来，如何在有限的空间兼顾多个孩子的独立、融洽成长，成为家长在装修儿童房时头痛的问题之一。

儿童房要做到好住好用好看，同时还要孩子喜欢，真的是一件非常不容易的事情。

三、锦囊支招

所谓的"留白"是在中国山水画中的一种绘画技巧，最大的特点是画家在作品中留有一定的空白，让参观者在留白处去体会画家的思想，从而对整幅画产生独特的见解，其最大的作用就是能让参观者有足够的想象空间。

针对家长关注孩子个性发展的问题，儿童房设计最好也运用"留白"概念：儿童房在满足休息、学习和收纳的情况下，应至少留出2平方米作为兴趣活动空间，创造出可以让孩子持续于定向兴趣的学习环境。

这种方式用在教育上其实也有一定的异曲同工之妙，因为孩子本身就是一张白纸，如果我们在白纸上过多地填充和描绘，那么孩子就会失去本身可以发挥的空间以及才能。

所以，在儿童房设计中，家长可以为孩子留出一块空间，作为培养孩子兴趣爱好的活动区。在这个空间里，家长可以引导孩子与环境、与世界进行沟通，激发孩子的好奇心，帮助孩子客观认识真实的世界。

1. 阅读兴趣，爱的读书角

如果孩子喜欢阅读，我们可以把这个空间做成读书角。一个书架，一块地毯，一个小沙发，再小的房子也能容得下。

使用跟孩子身高差不多的书架，让书本出现在触手可及的地方。别忘了房间里的灯光，要选择合适的光照强度才能保证用眼健康。

2. 画画兴趣，自由的黑板墙

如果孩子喜欢画画涂鸦，我们可以在房间放一块黑板，或者使用可书写的、防污的黑板墙漆，方便孩子在墙上涂画。

这个空间需要做到方便收纳和清洁，让孩子在自由涂画时也不怕把房间弄得一团糟。

3. 音乐兴趣，儿童房隔音设计

如果孩子喜欢音乐，那么我们就要做好儿童房的隔音设计，让孩子可以专心演奏，不怕影响到邻居。

如果儿童房空间足够，可以留出一块活动区域，以便在此区域设置许多不同的游戏和活动，让孩子接触更多的事物，有利于发展孩子的思维和认知。

孩子7—13岁时期，学习和玩乐是生活的两个主要组成部分。这个时候，儿童房的书桌除了用于写作业，还可以充当手工、实验的操作台面。随着多孩时代的来临，儿童房更需要"留白"。

四、要术概要：留空间培养爱好

1. 留白，为儿童兴趣活动留出空间。在儿童房设计中，家长可以为孩子留出一块空间，作为培养孩子兴趣爱好的活动区。

2. 留白，为多孩成长营造融洽空间。随着多孩时代的来临，儿童房更需要"留白"，营造出融洽空间。

3. 留白，培养孩子持续定向的兴趣。在这个空间里，家长可以引导孩子与环境、与世界进行沟通，激发孩子的好奇心，帮助孩子客观认识真实的世界。

第三章 沟通话语术

"假如人际沟通能力也是同糖或咖啡一样的商品的话,我愿意付出比太阳底下任何东西都珍贵的价格购买这种能力。

——(美国)洛克菲勒

对于联系日益紧密的现代人来说,有效的沟通对于一个人的学习、生活、工作有着越来越重要的影响。同样,沟通的重要性也体现在亲子关系中。如何与心智尚未成熟、理解尚不到位、情感备需呵护的孩子进行有效沟通,成为现代年轻父母亟待解决的难题。实践证明,家长了解有效亲子沟通这一要术,掌握正确的沟通方法和技巧,是非常必要的。

第 1 节
当孩子进步时

锦囊要术：夸奖要有度有法

一、教师观察

清代教育家颜元曾说过："数子十过，莫如奖子一长。"当孩子表现优异的时候，家长一般都会表扬孩子，鼓励孩子，希望孩子可以更加优秀和聪明！科学研究和实践也表明，在孩子的成长过程中，适度表扬对孩子的成长有着非常大的作用。

但是很多父母并不会夸孩子，他们在表扬孩子的时候只会一个劲地夸孩子"你真聪明""你真棒"之类的话，并没有夸到点上，有的时候这种行为反而会伤害孩子，给孩子带来自满、困惑或者不安。

所以怎样夸奖孩子，是我们做父母的应该了解和学习的知识。夸奖要适可而止，该夸奖的要夸奖，不该夸奖的一定不能夸奖。不能让孩子在受责备的环境中成长，同时也不能让他们泡在赞美里看不清现实。

二、家长困惑

"棍棒底下出孝子"的打骂育儿方式肯定是不可取的，"赏识教育"已被大部分家长认可并效仿。但"赏识"并不是一味的夸奖和赞美，平时生活中家长对孩子的夸奖还是有许多误区，在这里提醒各位家长注意以下几点：

1. 不夸孩子天生的容貌

一般不要夸奖孩子的自然长相，你可以这样赞美一个年轻的女士相貌美丽，但不要夸奖一个成长中的孩子。孩子长得好看不好看，不是他/她自己能够决定的，一味地夸赞孩子的长相，会让孩子过于在意外在形象，萌生有害健康成长的骄傲或自卑的心理。无论怎样的孩子都需要通过努力，才可以得到夸奖。非经过努力而得来的夸奖对孩子的健康成长不利。据说，在国外如果奉承人家的孩子长得漂亮，还会引起人家家长的不满和抗议。

2. 不夸孩子应有的本能

吃饭是孩子的本能行为，孩子会知道自己饱不饱，自己会把握吃多少。如果家长用表扬的方法去鼓励孩子吃饭，让孩子觉得吃饭成了一个工作任务，对这个不得已的工作任务，要么产生逆反心理，要么愈加表现并走向极端成了小胖子，甚至容易造成孩子更加厌食或者暴饮暴食。所以，对于孩子本能的行为，家长不应去刻意鼓励。

3. 不能只看中事情结果

考试成绩是孩子考试的结果，它反映的是孩子学习过程中某一阶段的成果。爱学习是孩子成长为有用人才的重要前提。但家长在夸奖孩子学习的时候，如果仅仅表扬孩子的学习成绩好，会让孩子过于关心自己的成绩，好了高兴，不好了会垂头丧气。孩子健康成长的关键是保持长期学习的积极性、养成爱学习的习惯，这是我们培养孩子的目的。所以，考试成绩出来，我们要鼓励孩子重视反思和总结学习过程中的经验，如："孩子，你最近以来学习很主动、作业完成得也很好，成绩肯定会好。""只要你努力，就一定会有进步！"

4. 不拿孩子与他人比较

当孩子面夸奖另外一个孩子，也是家长常见的误区。更严重的是对自己的孩子，不夸一词，一个优点也没有表扬。要认识到孩子是有差异的，我们要理解这种差异是客观的，不是孩子自己主观刻意造成的。有时我们中国人是出于人前礼貌或者激励孩子，故意夸大别的孩子的优点，但这样，无形当中会伤害自己孩子的自尊心。所以，表扬别的孩子的优点，也要肯定面前孩子的长处。

三、锦囊支招

好孩子是夸出来的，很多家长都乐于夸奖孩子，夸奖会增强孩子的自信心，让孩子获得成就感。要想夸得舒服，夸得有效，要讲究夸奖的前提、原则和步骤。

1. 一个前提

夸奖孩子的前提是了解孩子。很多父母口口声声说爱孩子，其实根本不了解孩子，不知道孩子为什么不喜欢同桌、为什么不喜欢上学、为什么有心事，也不知道孩子究竟喜欢干什么等。

爱孩子就要懂孩子，夸孩子就要实事求是地认知孩子，过高、过低地估计孩子的实力，都会挫伤孩子的自尊心、自信心和学习兴趣。家长要深入了解孩子的智力、能力、习惯、性格、优点、特长、缺点、弱项等，这些是家长有效夸孩子的基础。家长不能把夸孩子当成监督孩子、管理孩子、奴役孩子的工具。

2. 三大原则

（1）夸奖要具体表达

家长笼统地表扬孩子，比如"你真棒"，会让孩子无所适从。妈妈下班了，孩子帮助妈妈递了拖鞋，送了茶水，妈妈与其兴高采烈地夸他"好孩子，你真棒"，不如告诉他"谢谢你那么细心，帮妈妈送拖鞋送茶水，妈妈觉得很开心"。有针对性的具体表扬会让孩子更容易理解，并且知道今后应该怎么做，如何努力。

（2）夸奖要强调努力

"你真聪明"，这是家长惯用的评语。家长对孩子的每一次进步如果都用"聪明"来定义，结果只能让孩子觉得好成绩是与聪明画等号的，一方面会让孩子变得"自负"而非"自信"，这就是家长说的"一夸就骄傲""一夸就翘尾巴"的原因。另一方面，他们面对挑战会采取回避态度，因为不想出现与聪明不相符的结果。

（3）夸奖要注重事实

"好孩子"这样的话是典型的"夸人格"，家长们会无心地将其挂在嘴边。但"好"是一个很虚无的概念，如果孩子总被扣上这样一个大帽子，对他反而是一种压力。

3. 四个步骤

（1）**陈述事实**。就是把孩子做的事情复述一遍，这是对孩子付出的认同和肯定。

（2）**提升高度**。确认事实的可贵性，"你是一个诚实（勤劳）的孩子"，将孩子的行为提升到一个品行塑造的高度。

（3）**表达感受**。表达自己的内心感受——很开心、很高兴，"我真开心，我为你骄傲"，因为孩子成长的动因之一是"愉悦父母"。

（4）**继续鼓励**。在日后的生活中还要继续观察孩子，继续鼓励孩子，让孩子不断朝着正确的方向努力。

表扬使人坚持,批评使人停止。生活在夸奖、表扬中的孩子一定是自信的,自信的孩子更可能成功！如何让孩子自信而不骄傲,值得我们家长去探索。

四、要术概要：夸奖要有度有法

1. 夸奖的一个前提： 夸奖孩子的前提是了解孩子。

2. 夸奖的三大原则： 夸奖要具体表达，夸奖要强调努力，夸奖要注重事实。

3. 夸奖的四大步骤： 陈述事实，提升高度，表达感受，继续鼓励。

第 2 节
当孩子犯错时

锦囊要术：把错误当作契机

一、教师观察

孩子在学校犯错是在所难免的，如果是比较小的错误，老师一般采用常态的师生沟通教育方式。如果孩子犯的错误比较严重，或者伤害到其他孩子的利益，老师就有必要告知家长，或者邀请家长到学校一起协助教育解决。

有的家长，一听孩子犯错，要到学校来一起解决，一进学校谈话室就劈头盖脸先给孩子一顿训斥，不仅说今天的错，甚至把以前的陈年旧账都翻个底朝天。训斥不够还加上动手"辅助"，情绪之激动根本忘记了是在学校里，也全然不顾老师在场。

而有的家长面对孩子犯错，尤其是孩子和孩子之间有纠纷的时候，总担心自己孩子吃亏，经常是到学校一见到孩子就先问："发生了什么事？没事，你说，你如实说，有爸爸在不用怕。"家长对自己孩子信任和保护的心理可以理解，但这样的表达却向孩子传递了家长是来保护他，罩着他的感觉。

由此可见，孩子犯错了，一部分家长会严厉地呵斥孩子，让孩子变得自卑悲观；一部分家长不会指责孩子，让孩子分不清楚对错；当然，还有一部分家长会用科学的教育方式来纠正孩子的错误。

其实犯错是一种心理需要。孩子小时候犯一些错误，通过错误来确认与外界或他人的关系，可以获得对犯错的"免疫"。我们观察到一个这样的现象：小错误不犯的人常常犯大错误。究其原因，是没有犯错的经验。犯错是孩子的权利，也是孩子成长的资源！当然，并非要鼓励孩子去犯错，而是说顺其自然比较好。

二、家长困惑

每位家长都希望自己是不生气就能教好孩子的好家长，但大部分家长都认为这只是美好的想象。繁忙的工作，日常的琐碎，加之孩子调皮任性，有时甚至是一而再，再而三犯同样的错误，这些事情总能导致家长在某一瞬间情绪失控。

飙高音的吼叫派。陶陶每天都把家里弄得乱七八糟，玩具散落一地，画笔、画纸摊满桌子，床上也堆着他的各种小玩意儿，自己最喜欢的书也是到想看的时候不知道去哪了。多次的提醒仍然没能使陶陶有任何改观。

屋内的一片狼藉点燃了妈妈心中的怒火："跟你说过多少次了，从哪儿拿来的东西玩完了还放回哪儿去。你就是不长记性，你不收，看我全把它们扔掉！"说着假装把孩子最心爱的玩具扔了，接着是一阵急风暴雨般的叫嚷。

撸袖子的武力派。7岁的宣宣弹琴时表现出极大的随意性，老师讲过的正确指法、手型和要求在她的脑子里没有留下丝毫的印迹，好像从来就没学过。妈妈看在眼里、急在心上，一遍又一遍地提醒外加亲自示范，可宣宣摆出了一副不合作的态度，在琴凳上扭来扭去，一会儿喝水，一会儿上厕所，没过两分钟又嚷嚷着累了要歇会儿。

妈妈内心的怒气终于冲破了忍耐的底线，一巴掌挥了过去，宣宣的手背顿时就红了——说服教育升级为武力惩罚。

无论是飙高音的吼叫派还是撸袖子的武力派，其实都是当下情绪失控时的表现，等冷静下来，家长们都会觉得自己的做法不合理，不应该。

三、锦囊支招

孩子年纪小，不懂事，在日常生活中容易犯错，家长见了容易动怒去惩罚孩子，殊不知，惩罚是有方法的，是有讲究的，方法不得当的教育，效果会适得其反。那么，问题来了，孩子犯错了怎么教育呢？

1. 管理情绪

孩子的缺点、错误，有时会使家长十分恼火，如果在气头上批评孩子，难免会有一场"暴风骤雨"，这样会使孩子恐惧、紧张，加重孩子的心理负担，有害于孩子的身心健康。此时，最好缓一缓，先让自己的火气消一消，等心平气和了，情绪平稳了，再选择恰当的方式和语言去批评教育孩子。

要弄清事情的原委、是非曲直，不要错怪孩子，不要冤枉孩子。要以商榷的口吻婉转地询问，放下家长的架子，以平等民主的原则进行调查、了解。若用简单粗暴压制的方法，强硬的口气，非但问不出真相，反而会挫伤孩子的自尊心。

2. 设计沟通

选择合适的时间、场合批评孩子，尊重孩子的人格，爱护孩子的自尊，才能达到预期的目的。在融洽的气氛中，孩子心境愉快时，乐于接受批评。而不分时间、不分场合地唠唠叨叨，或者当着众人的面批评训斥孩子，孩子不但接受不了，反而会引起他们的反感。

孩子犯了错误，要允许孩子为自己辩白，做家长的要沉住气，静下心来，听孩子说心里话，从而了解孩子的心态、观点。不要板着脸，瞪着眼，摆出严肃的面孔，说些过头的话，而要留有余地。要让孩子把话说完，允许他们为自己辩解。孩子虽小，但他们也是有独立的人格、尊严的。说得有理，应予以赞赏、肯定；说得不合理，可以进一步沟通。这样，不仅可以使孩子与家长之间的交流增多，距离缩短，而且可以在辩解过程中使孩子认识自我，校正自我，完善自我。

3. 引导激励

素质高的家长，当孩子犯了错误，不是像公司经理对犯错误的下属那样一味地指责、训斥，而是像一个经验丰富的顾问一样，站在孩子的角度，诱导、启发孩子反思，让孩子弄明白自己犯了什么错误，找出内在的和外在的因素，今后应该如何改正。这样，孩子在家长的"顾问"下，认识错误、改正错误、解决自身问题的能力就会大大提高。

每一个孩子的好胜心都很强，他们都有表现自己价值的心理需求。尤其是他们犯了错误时，更需要家长的理解和鼓励。孩子身上那不易被人觉察的潜能一旦被激发，就会产生意想不到的成果。反之，如果此时家长予以轻蔑、冷落，他们身上的种种潜能将随着时间的流逝而消失殆尽。因此，家长可以根据孩子的特点，用激将法使孩子改正错误，并且适时运用激励的手段，把孩子的潜能充分发挥出来。

四、要术概要：把错误当作契机

1. 管理情绪。当孩子犯错时，最好先缓一缓，等情绪平复后再问一问，弄清事情的是非曲直，有利于问题的解决。

2. 设计沟通。设计谈话要点，选择合适的时间和地点与孩子进行沟通，谈话中要尊重孩子的自尊心，让孩子辩白，以达到自我反思、教育的目的。

3. 引导激励。借助错误引导孩子自己解决问题，化错误为成长的经验和教训，同时发现孩子身上的优点，激励儿童发挥潜能，促进孩子健康成长。

第 3 节
当孩子偷懒时

锦囊要术：培养能力定目标

一、教师观察

在学校里，我们看到学习勤奋的孩子，劳动也积极，做事主动；而学习懒散的孩子，值日想逃避，做事喜欢等待和拖延。可见，当勤劳成为一种习惯，孩子就会在各种事情上表现勤奋；而当养成偷懒毛病的时候，孩子则时时处处表现出怕麻烦、想逃避、爱拖延的特点。

曾经班级里有个孩子，早上各种作业交不了，中午又轮到午间值日，学习委员找他补作业的时候，他说自己今天轮到值日补不了作业，劳动委员找他值日的时候，他说自己今天被提醒补作业做不了值日。结果当天中午，这孩子既没有去补作业，也没有去值日，而是跑到操场的一个角落跟好朋友玩去了。

众所周知，万恶懒为首。懒惰是一切学习、生活和工作的天敌。因为懒惰，孩子作业不做了，大人不爱收拾了，工作也不上进了。一个人，如果身体懒了，健康就毁了；如果心懒了，梦想就毁了。

如何看待懒惰毁掉一个孩子？研究表明，懒惰是一种精神上的依赖，也是一种负面情绪的表现。孩子的懒惰常常表现为听课不认真、做作业拖沓、不预习复习功课、思维和生活散漫等。而懒惰的人发展到最后，会成为思想的巨人、行动的矮子，变得无精打采、游手好闲、意志消沉，身体和灵魂处于麻木的状态，没有欲望，没有梦想。他们常常不能享受劳动的乐趣，也感受不到收获的喜悦，几乎没有幸福可言。

二、家长困惑

懒惰的背后是什么呢？懒惰的背后是他的无能，是家长的包办代替。家长可能不知道，以下三种教育方式，会把孩子养成小懒虫。

1. 不让孩子插手

"你还小,这个活你干不了""这么小的活,妈妈不用你帮"。大活家长阻拦,小活又不舍得麻烦孩子,导致大事小事孩子都不用伸手。不是孩子不想做,是父母太勤快了,一开始这种意识就被家长磨平了。做家务并不是指望孩子帮什么大忙,而是锻炼孩子的一种方式。

2. 否定孩子的能力

有的家长,很喜欢使唤孩子做这做那,但是孩子做完之后,又非常不满意,觉得孩子做得不好,甚至自己还会伸手再做一遍。这样可以说狠狠地打击了孩子的自信心,还让孩子产生了一种心理——自己做不好,为什么要做,与其这样还不如不做,慢慢地,孩子就真的不去做了。

3. 用错奖励机制

有的家长怕孩子变懒,就用各种机制鼓励孩子,而奖励的机制是金钱驱动,孩子做就给钱,不做就不给,慢慢地,孩子做什么都要钱,认为没有钱就没必要做事。这样是没办法让孩子变勤劳的,只会让孩子变成一个又懒惰又唯利是图的人。

三、锦囊支招

懒惰是一种不良习惯,是成功的绊脚石。人生道路上充满困难与挫折,只有持之以恒、永不懈怠,才能实现目标。为此,要努力克服懒惰。

1. 培养独立能力

懒惰是一种不良习性,很多孩子对家长都有依赖性,当依赖性发展到一个极端就成了懒惰,由此家长要适时控制孩子对父母的依赖心理,不能任由其发展下去。

孩子自己能做的事,家长就不要包办代劳,作为孩子,不要一遇到困难就找家长,应该先自己独立处理。在学习方面也是如此,若有疑难问题,力求自己解决,不要动不动就问老师、家长,家长在此时更要磨炼孩子的意志力,坚强的意志力是克服懒惰的力量。

2. 给予最大鼓励

如果缺乏鼓励,孩子就很难保持做事和学习的兴趣,进而变得消沉、懒散,因此鼓励是必不可少的,哪怕孩子有一点点的进步,家长都应该不遗余力地为孩子加油打气。在孩子失败的时候,鼓励就更为重要了,哪怕只是一句安慰的话,也会使孩子信心大增。

3. 激发兴趣爱好

孩子在对所做的事情不感兴趣时，就会产生惰性，所谓"兴趣是最好的老师"，没有浓厚的兴趣，就会没有动力，于是就容易懒散。此时，父母就要从各方面激发孩子的兴趣，让事情尽量变得有趣，孩子一旦有了兴趣，事情也就比较容易完成了。

4. 制订合理目标

有时候，孩子会因为懒惰而造成学业停滞不前，甚至退步。家长在面对这个问题时，可以对孩子提出一些短时间内易达成、难度较小的要求，让孩子获得一定的成就感，这种成就感会促使孩子继续努力。如此不间断地努力，当一个个目标逐步达成之后，渐渐地，孩子也就能够克服懒惰了。

5. 教给学习方法

做事或学习方法若不正确，即使用尽全力，勤奋刻苦，也不可能做好、学好，时间一长，孩子就会对这些事情失去兴趣或者产生害怕的心理，逐渐疏于学习，慢慢也会变得懒惰，没有进取心。

家长应该引导孩子找到如何让做事或学习变得更有效率的方法，如教孩子制订切实可行的计划、如何合理安排时间等。一旦孩子发觉这些方式的确让做事或学习变得更有效率，就会充满信心地持续下去，那么，懒惰的毛病也就无所依附了。

6. 发挥示范效应

家庭教育对于懒惰行为的改正有很大的作用，因此要主动调动家长的积极性，转变一些家长的思想。家长要以身作则，能在家里为孩子起到表率作用。懒惰的孩子很多时候是因为没有促使他变得勤劳的原动力和外部压力。要想改掉懒惰的毛病，不是通过一两次的思想教育能够达到的，要从小事做起，还要不断加以督促，逐步让孩子体会到好习惯带来的乐趣。

四、要术概要：培养能力定目标

1. 培养能力多鼓励。从小培养孩子独立自主的性格和能力，给予孩子最大的鼓励。

2. 激发兴趣设目标。激发孩子的兴趣，制订一个孩子短期内容易达到的目标。

3. 教给方法做示范。教导孩子正确的学习方法，发挥家教的正面效应。

第 4 节
当孩子胆怯时

锦囊要术：创设机会教技巧

一、教师观察

一年级入学的时候，班级里总会有孩子一放下父母的手就很开心地到班级，并和其他孩子玩开了。而个别孩子，则总是拉着父母的手不敢放，有时父母劝说的时间长了，孩子甚至会哭着拉住父母，恳求父母不要离开。

班级里就曾经有一位这样的女生，长得像洋娃娃似的，天真可爱，就是特别胆小。哭了三天之后终于坐进了教室，一下课就哭，因为不敢去上厕所，不知道下课找谁玩。一到中午就哭，因为记不住餐厅在哪里，不敢跟其他同学一起吃饭。诸如此类的事情还有很多，作为班主任，每天陪伴她、照顾她、安慰她，成了我的重要工作。大约过了一个月，这孩子才慢慢适应了小学生活。

孩子在成长的各个年龄阶段都会害怕一些事物，会有胆小的表现，比如两岁的孩子听见打雷会有惊跳反应，害怕父母无声地离开；五六岁的孩子害怕妖魔鬼怪，不敢单独睡觉，害怕受伤流血等，这些都是正常的心理表现。

但是，如果有的孩子在各方面表现都很胆小，例如上课时不敢举手发言、说出自己的想法；不能独立做事情，有较强的依赖性；平时喜欢哭，挨训时低头不语，甚至会发抖；沉默寡言，不愿跟大家一起玩，缺少了同龄孩子那种爱动、贪玩、好奇的特点等。各位家长如果发现孩子有上面的情况，就要重视起来，以免时间长了，孩子胆小、自卑的情绪会越来越严重。

二、家长困惑

"我家孩子胆子越来越小了，有时做错事，我还没开始教育，就看见他在那瑟瑟发抖。"

"我们家的胆子也小，玩滑滑梯，总让我抱着，从不愿和别的孩子一起玩。"

"在家窝里横，出门秒变怂，这是我家娃的现状。"

……

遇到这种情况，家长就应该反思了，这很可能是家庭教育出了问题。

1. 经常给孩子贴标签

你是这样的家长吗？当着孩子的面，跟朋友说："这孩子一到外面就打蔫儿，不会说话。"或者遇到孩子不愿意和其他孩子一起玩耍的情况，生气责备："你怎么这么胆小，看别人玩得多开心！"

孩子如果经常听见家长的这类评价与抱怨，不仅会从内心削弱对自己的肯定和认同，也会让他们给自己贴上"我是胆小的""我不会说话"的标签，认为自己就如家长描述的那样，继而变得越来越胆小、不自信。

其实很多情况下，孩子的一些胆小表现是符合他们年龄阶段或者性格特征的，家长应该理性地看待这种表现，不要简单地将某次的具体行为表现"拔高"为性格缺陷，给他们贴上"胆小怕事"的标签，就事论事比较好。

2. 经常恐吓吓唬孩子

妞妞无论走到哪里，都要让灯亮着，只要灯熄了就会一直哭闹找奶奶，包括晚上睡觉也是这个样子。原来，当妞妞不听话时，奶奶就会吓唬她："不听话，就把你关进黑屋子，让屋里的黑猫猫咬你。"

在奶奶的描述下，妞妞对那个"黑猫猫"充满了可怕的幻想，认为那是一个张着血盆大口、满嘴獠牙、只想咬人，还一直待在黑黑的地方静静凝视她的可怕生物。在这样的恐吓下，她经常战战兢兢，越来越胆小。

生活中，类似妞妞这种从小被吓大的孩子可不少。言者无心，听者有意，家长的一时恐吓会让孩子的一生陷入恐惧之中，这是他们"胆小"的源头。如果孩子想做的事很危险，家长要放弃恐吓，请直接告诉他："危险！会划伤，不可以！"

3. 缺失正确价值观引领

再来谈谈"窝里横，在外怂"这种情况，其实也和家庭教育脱不了干系。

比如当孩子第一次动手打人的时候，其实他并不知道什么叫"打人"，也不知道打了人对方会疼，他错把打人当作了游戏。可是孩子第一次打人时，我们作为家人是如何反馈的呢？

或许爸爸妈妈会笑笑，也把它当作一种游戏，被孩子打一下，就故意疼得哇哇叫，然后孩子打得更欢了。爷爷奶奶或许会说："孙子打我，我不疼，没事儿！"久而久之，孩子就摸清了在家的行为模式：我打人了他们也不会拿我怎么样，当然想打就打。

可是到了外面呢？陌生人可不像家里人那样对他和颜悦色，有求必应。

如果孩子一旦打了别的小孩，对方可能会打回来，又或者对方家长会跑过来不依不饶。而这时很多家长又会赶紧跑过去把孩子拉开，大声斥责孩子，跟被打的小孩道歉，向对方父母道歉。此时父母与在家里时完全不同的管教方式，会让孩子在外与人交往时变得畏畏缩缩。

4. 封闭在舒适区圈养

如果孩子外出活动的机会和时间都十分有限，孩子就习惯于在一个相对"稳定安逸"的状态下生活，一旦接触到更广阔、多样的环境，难免显得胆怯畏缩，这一点在隔代教养的孩子身上表现得尤为突出。

三、锦囊支招

每个在学校胆小不自信的孩子，家里都有一个或一个以上挑剔的成人。有的是一位高要求的妈妈，有的是一位严格的爸爸，还有的，是姥姥姥爷、爷爷奶奶。大家都对孩子寄予很高的期望，总想着让孩子有更好的表现，于是不断"鞭策"。

所以，每个对孩子在学校的表现不满意的家长，要问的，其实不是"孩子为什么会这样？"而是"我做了什么，才让孩子这样？"找到根源，才能真的帮到孩子，为孩子营造良好的不胆怯的成长环境。

1. 培养社交能力

尽可能多地带孩子出去走走，和社会接触，利用社会生活中不同的场景和对象，有意识地为孩子创造与人交往的机会。比如带孩子去朋友家，鼓励他主动加入其他小朋友的游戏；带孩子走进大自然，和他一起捉蛐蛐、爬山坡、数星星，探寻大自然的神奇与奥秘等。

2. 指导解决办法

家长不应过多地训斥孩子，遇到问题应和孩子多商量，变换教育方式，让孩子表达自己的想法。

在孩子之间出现矛盾时，家长应该指导孩子自己通过分析、换位思考等方法想出解决办法，学会在交往中谦让、有同情心，要关心、理解别人。

教给孩子交往的技巧，鼓励孩子主动去交往，如鼓励孩子把自己的玩具、图书拿出来与朋友一起分享。

3. 做到身体力行

家长要带着孩子多串门，多参加一些聚会，孩子会在观察家长与别人交往的过程中学到不少东西。

当然，最重要的一点是，父母不要经常性吵架、谩骂，尤其是在孩子的面前，父母感情的好坏会直接影响孩子的性格。

四、要术概要：创设机会教技巧

1. **培养社交能力**。家长要积极为孩子创设交往的机会，培养社交能力，发展社会性行为。

2. **指导解决办法**。教给孩子交往的技巧，鼓励孩子主动去交往，如鼓励孩子把自己的东西拿出来与朋友一起分享。

3. **做到身体力行**。父母不要经常性吵架、谩骂，尤其是在孩子面前，父母感情的好坏会直接影响孩子的性格。

第 5 节
当孩子愤怒时

锦囊要术：冷处理控制情绪

一、教师观察

班级里曾有位小个子男生，真是"人小脾气大"，动不动就爱发脾气，只要稍有不顺心的事，他就很难控制自己的情绪，总要拿哪个人或哪件东西来出出气。考试没考好就把卷子撕个粉碎，还怪老师出题太难太偏，弄得他做不出来；学打篮球被球砸到，他就生篮球的气，使劲拿脚踢篮球；同桌不小心碰翻了他的铅笔盒，他把人家的铅笔袋也扔到地上才解气。情绪稳定的时候，他是一个白净有礼貌的孩子，可是一旦生气，他就不讲道理，乱发脾气。

人有四种基本情绪：快乐、愤怒、悲伤和恐惧。愤怒是个人意愿或需求不能满足或一再受到妨碍而逐渐积累引起的一种激动、紧张和不愉快的情绪体验。许多小学生，由于情绪的自我调控能力较差，冲动性较为明显，常常在不该发脾气的时候发脾气，因为一点儿小事就会相互打起来，因为父母的某些做法不合己意而冲他们大喊大叫……但小学生的愤怒来得急，去得也快，比如有的小学生可能今天因为发生一些矛盾而大发雷霆，而明天两个人可能又一块儿做游戏，这一点在小学低年级表现得尤其明显。

愤怒的孩子看起来气势汹汹，其实他的内心是惊恐不安和悲伤的。一件很小的事会使他感到自己受到严重威胁，而且他除了奋起反抗外别无选择。他还感到孤独，认为没有人能理解他，没有人愿意向他伸出救援的手，所有的人都想伤害他。孩子天生渴求温情和友善。如果你看到一个孩子狂暴地打他的亲人，你可以假定他正处于极度的痛苦之中。他是以这种狂暴的方式吁请人们注意这个事实：他受到了伤害，需要帮助。

二、家长困惑

很多家长抱怨，孩子越大脾气越大，又急又气的。首先家长要弄清孩子发脾气的原因，针对不同情况不同对待，就能轻松应对坏脾气的孩子。通常情况下，孩子发脾气有以下几方面的原因：

1. 来自外界压力

孩子尝试独立地解决一些事情的时候，由于能力有限，社会知识经验不足，解决问题的方法不对头等原因，常常会弄巧成拙。低年级孩子自我调控能力较差，冲动性较为明显，因此在孩子感觉比其他小孩差或者是受到了批评指责的时候，常常会乱发脾气，甚至产生攻击性行为。

2. 由于家长溺爱

父母过于娇惯孩子，只要孩子一发脾气，便会满足孩子的任何愿望。心理学家认为，如果一种行为发生后受到了赞扬和奖励，这种行为将来很容易再次出现。所以，每当孩子发脾气时，若父母表现出同情、娇惯、怜悯的态度，这实际上是"强化"了孩子这种坏脾气。久而久之，孩子便知道只要发脾气，就可以达到目的。

3. 出于个人原因

由于部分孩子的挫折承受能力比较差，好胜心强，渴望成为焦点，害怕受到伤害等特质，加上他们的认知能力尚待发展，他们会将自己遭遇不愉快的事情都归因于别人的问题，以此避免自我愧疚。

三、锦囊支招

对于幼儿而言，发脾气多是由于生理原因，如身体不舒服，家长通过安抚可以起到缓解和安慰的作用。等孩子大一点后，表达能力和控制能力强了，乱发脾气的现象就会有所减少。但是对于无缘无故爱乱发脾气的孩子，家长应该适当改变对孩子的教育态度。

1. 冷静处理

孩子发脾气时，父母切忌因此而大发脾气，使孩子更加急躁，这样不仅不能解决矛盾，反而会使孩子受到不良影响，脾气越发越大。切忌打骂孩子，这样容易使孩子产生抵触情绪。在孩子无理取闹时，采取不予理睬的态度，等孩子脾气发过后再耐心地教育，循序渐进，慢慢帮助孩子改掉发脾气的坏习惯。在孩子出现不良行为时，最好留给他一个"反省时间"，让孩子在远离其他小朋友的地方安静反思自己的行为，并对日后的行为举动做出思考。家长要有原则性，不能因为孩子发脾气就放弃自己的正确想法，顺着孩子的意志来做，这样只会助长他任性的坏毛病。家长坚持原则，时间长了，孩子就会懂得，父母坚持的事情不会因为自己发脾气而改变，发脾气是徒劳的。

2. 勇敢面对

很多孩子害怕失败，不愿意承认自己有错，在遇到问题的时候迁怒于别的人或事物，以此来逃避面对自己的失败。家长可以向孩子坦诚自己的过失，把自己小时候的失意经历讲给孩子听，并告诉他应该从中学到什么，这种方法往往对孩子很有帮助。另外恰如其分地看待挫折，不能把困难等同于失败。要提醒孩子，任何人做事，一开始都会有困难，父母可以激励孩子坚持到底，当孩子勇于坦诚自己的过失，父母要积极赞许孩子，鼓励孩子的行为。此外，家长可以交付孩子与其年龄相符的任务，比如饭前摆放碗筷，参与讨论并选购家具等，一方面可以锻炼孩子处理问题的能力，另一方面可以在潜移默化中培养孩子的责任感。

3. 控制情绪

愤怒常常是突发性的情绪反应，在所有的情绪控制中，控制愤怒是最难做到的，即使成人也会有"勃然大怒"的时候。但是，愤怒和其他情绪反应一样也是可以控制的。

认识愤怒： 家长可以用一些简单的游戏帮助孩子认识情绪，比如让孩子描述故事里的孩子在某个特定情境里是什么情绪状态。告诉孩子什么是愤怒，愤怒又有什么危害。可以采用游戏举例（愤怒的气球）：家长准备一些五颜六色的气球，与孩子一起来吹，在吹气球的时候让孩子回忆一件最近遇到的让自己很生气的事情，把气球当作发泄的对象使劲吹，告诉孩子吹出自己所有的生气，这样气就都出来了，以此作为正当的发泄途径。气球吹好后家长帮孩子扎好气球，让孩子踩爆气球。有的孩子会执行，这时候家长可以告诉孩子气球就像自己的肚子，如果总是生气就会"爆炸"，对身体有危害；有的孩子会很害怕，家长就引导孩子，气球就像受到伤害的小同伴或者是别的发泄对象，会因为自己的愤怒而受到伤害，让孩子产生同理心，不再迁怒于无辜的人。

转移注意： 在孩子发脾气的时候，父母也可以采用一些方法使孩子将注意力转向别的内容，避免刺激，待情绪稳定后再加以教育。对于大一点的孩子可以告诉他们，如果遇到一些让自己愤怒的情境，要尽量躲一躲，避免愤怒升级导致攻击性行为。比如，可以出去走一走，听听音乐，或者和谈得来的朋友在一起聊聊天，干点儿自己喜欢的事，心情就会好起来。

宣泄情感：如果有的事情或人有充足的理由使人发怒，这种情况下鼓励孩子坦率地把心中的不满讲出来，也可转移目标发泄出来，为孩子制作一个即便大喊大叫也不会反抗的"消气箱子"，如可以随意踢打的布娃娃、沙袋或者是靠垫，也可以去跳跳健美操，打打沙袋，这些都能够帮助孩子以健康的方式消除心中的怒气，都能减少愤怒对自身以及他人的伤害。要注意情感的宣泄要以不损害他人的利益为前提，不可做出过激的行为。

理智战胜：如果是高年级孩子，在即将动怒时对自己下命令：坚持一分钟不生气！然后试一试那些能集中注意力的动作，例如，眼睛沿顺时针方向转动10圈，闭上眼睛从一数到十，再做三个深呼吸。再来想想刚才让自己愤怒的事情，问以下问题中的任何一个："我为什么生气？""这事或这人值不值得我生气？""生气能解决问题吗？""生气对我有什么好处？"用理智来战胜情绪。可能过一段时间后，孩子就会感觉到一些事已经不那么值得生气了。

四、要术概要：冷处理控制情绪

1. 冷静处理。孩子发脾气无理取闹的时候，采取不予理睬的态度，等孩子发过脾气后再耐心地教育，循序渐进，慢慢帮助孩子改掉发脾气的坏习惯。

2. 勇敢面对。让孩子勇于面对困难，承担责任。家长可以向孩子坦诚自己的过失，把自己小时候的失意经历讲给孩子听，并告诉他应该从中学到什么，这种方法往往对孩子很有帮助。

3. 控制情绪。帮助孩子控制自己的情绪。帮助孩子认识愤怒情绪，用宣泄法引导孩子合理疏导情绪，针对高年级孩子可以教给他们用理智战胜情绪的方法。

第 6 节
当孩子叛逆时

锦囊要术：接纳放手做朋友

一、教师观察

在孩子进入小学中高段以后，家长常常会向老师倾诉自己管教孩子时候的无助和无力。

这种无助和无力首先出现在孩子学业上的分层开始显现时，家长看到这样的变化之后出于本能就想要管教孩子，希望现状有所改观。其次，是孩子在行为上出现的抵触，语言上表达的反抗，与小时候的听话乖巧相去甚远。可是，家长发现小时候"哄"孩子的那一套方法，早就不适用了，什么吃的、玩的、糖衣炮弹等，孩子都不屑一顾。改成命令、强制，那情况就会更糟糕，孩子会反驳、会抗议，有时家长还要担心自己说话过重，让孩子做出不理智的过激行为。

的确，孩子进入小学中高段，身体上的蹿个和力量的变大，都会让他们觉得自己是个小大人了，可以自己做决定，极力想挣脱父母的掌控，于是就变得处处喜欢跟大人"唱反调"。可矛盾的是，他们还是非常需要大人，还是会在父母面前撒娇，希望父母为自己解答困惑。

父母要认识到，叛逆行为是孩子在成长过程中的一种正常表现。对于孩子的叛逆行为，父母所要做的不是镇压孩子，因为即使暂时镇压了孩子的行为，也镇压不了孩子的心，父母的专制管教只会激起孩子更为强烈的叛逆。父母不仅不能镇压孩子，还要比过去更加关心、体贴孩子。可能有的父母会说："我做不到！孩子都跟我顶嘴了，我真恨不得狠狠揍他一顿，哪里还有心情对他更好呢？"

有的父母忍无可忍，于是就会批评孩子，甚至打孩子。可是，如果你真的将举起的手与抬起的脚落在孩子身上，最终换来的肯定不只是孩子们的哭闹，还有自己的痛苦、烦恼与深深的悔恨。

二、家长困惑

明明是挺乖巧的孩子,突然变得不好沟通了:作业不让看,书包不让动,原来学校里发生一点鸡毛蒜皮的事情都要喋喋不休的孩子突然变沉默了,有时候甚至不让进房间,说是要一个人静静……这样的场景,很多小学中高段的孩子家长肯定都经历过。

孩子人生中有三个叛逆期。2—3岁时,出现的叛逆行为是人生首个叛逆期的表现,称为"宝宝叛逆期"。6—8岁时,则出现人生第二个叛逆期,称为"儿童叛逆期"。12—18岁时,是人生第三个叛逆期,这是大家常见熟知的"青春叛逆期"。在这些阶段里,所有的孩子都时不时地会有叛逆的情绪,特别是在疲倦、饥饿、紧张或不安时,他们可能会争吵、顶嘴、不服从或蔑视父母。

因此,当孩子处于叛逆期的时候,父母要比过去任何时候都关心他的心理状态,关心他的想法、观点,从细微处入手,获得孩子的信任,了解问题的症结所在,才能对症下药,有针对性地解决孩子存在的问题。

在这里要强调一点,不同的叛逆期,有不同的心理、生理发育特点,父母应对的方法也要不同。

三、锦囊支招

家里有一个处于叛逆期的孩子,父母都会觉得非常头疼。既然孩子有了变化,父母的教养方式也得跟着变,那么该如何对待孩子的叛逆行为呢?

1. 要接纳孩子

作为父母,我们首先需要做的就是接纳孩子的需求。和孩子交流时,要耐心倾听。无论孩子讲什么,父母一定要耐心倾听,这是对孩子人格的尊重,也是了解孩子,解决矛盾的一个途径。

不随意草率地评论。父母应克制自己的冲动情绪,让孩子把话讲完,避免随意地指责引起双方的不快。

当孩子充分表达意见后,父母应做出积极的回应:"你这个想法不错,要是再加一点或再改一点就更好了。"家长的积极回应可以让孩子心情愉快,充满成就感,有利于双方下一次的情感交流。

2. 做孩子的朋友

当孩子10岁左右时,他已经具备一定的常识和能力,这时候相比较被指导和被命令，他更希望你能将他当作朋友，好好跟他说话。所以，跟这个年龄段的孩子相处，杜绝使用命令、要挟等方式。如果好好跟孩子沟通，他会很乐意听你说话。但如果你使用命令、要挟的语气要求他去做什么，他会反抗，而且坚决不做。

青春期的孩子犯了错，批评孩子时更要注意场合。在亲友或孩子的同伴面前批评孩子，孩子会感到难堪和不满，也听不进父母的批评。

同时，措辞切忌用"你简直不可救药""你怎么不如某某学习好""你真笨"等伤害孩子自尊心的话语。

3. 肯放手让孩子成长

每一次的叛逆都代表着孩子的成长需要。作为父母，要相信自己的孩子，适当给孩子一些机会，让他学会自己安排，学会独立思考、解决问题。也适当给孩子一些承担责任的机会。

放手让孩子成长的时候，孩子肯定会碰到困难，遇到阻碍，当孩子情绪反应强烈、言语冲动的时候，父母干脆采取不理睬的方式较妥，等孩子冷静思考，平息冲动后再批评。

在孩子处于叛逆期的时候，既然选择了放手让孩子成长，父母就一定要保持一颗平常心。对孩子一定要多观察，多多地体谅孩子，要知道拳脚是解决不了任何问题的，要文明，要掌握现代的教育理念，这样才能做好父母，才能陪孩子走过成长叛逆这一段人生的必经之路。

四、要术概要：接纳放手做朋友

1. 要接纳孩子。 孩子感觉到自己的想法被接受了，才会静下心来听你说话，而且愿意听你说话。

2. 做孩子的朋友。 当孩子10岁左右时，他已经具备一定的常识和能力，这时候相比较被指导和被命令，他更希望你能将他当作朋友，好好跟他说话。

3. 肯放手让孩子成长。 每一次的叛逆都代表着孩子的成长需要。父母要相信自己的孩子，适当给孩子一些机会，让他学会自己安排，学会独立思考、解决问题，也适当给孩子一些承担责任的机会。

第四章 习惯培养术

习惯真是一种顽强而巨大的力量,它可以主宰人生。

——(英国)弗朗西斯·培根

"习惯可以主宰人生",这句话所强调的习惯的重要性是显而易见的。家长通常眉毛胡子一把抓,不分轻重缓急,或者经常虎头蛇尾,没有将孩子的习惯培养真正落到实处。人的一生中,习惯千千万,对于一个小学生而言,到底哪些习惯最为重要,这些重要的习惯又应该怎样通过自幼的教育,不断强化并最终习得养成呢?这正是这个章节的主要内容。

第 1 节
如何自我管理时间

锦囊要术：敏感度与日程表

一、教师观察

学校里一节课的时间是固定有限的，当课堂上老师布置一项任务，让孩子在固定时间内完成的时候，有的孩子能按时保质完成，有的孩子不能按时但能保质，当然还有一部分孩子既不能按时，也无法保证质量。

能按时保质完成的孩子，通常是能力强且习惯好；既不能按时，也无法保质的孩子大概率由于能力不够，无法完成。我们在此重点讨论的是，虽然不能按时，但再给一些时间或者多一点关注，就能保质完成的这部分孩子。

我们班在三年级时有一个转学来的小男生，做任何学习上的事情，都能保质，但就是非常磨蹭，有时若没有一对一盯住他，他就会耍赖皮，赖掉学习任务。

仔细观察这孩子，首先是他做事情的动作很慢：拿笔很慢，思考很慢，下笔很慢，写字很慢……大部分时候是别的孩子纷纷举手了，他才开始咬着笔头，看着窗外，边写边偷偷瞅我的反应。

访谈过几个这样的孩子，他们对自己动作很慢的解释是：我在思考怎么写，我觉得是这样写，又觉得可能是那样写，我思考的时间太久了，等看到其他同学都完成的时候，我想我还是先开始写吧，然后就迟了……

孩子对时间的管理不当，尤其是写作业拖拉这个毛病让很多父母头疼。每个人的一天都是 24 小时。在这 24 小时当中，要满足基本的生理需求，要学习，要娱乐，要交友，等等，能否很好地利用时间，就成了决定一个人生活与生命质量的重要因素之一。

二、家长困惑

常常听家长埋怨孩子没有时间观念，不懂得抓紧时间。这个问题，我们可以从两点去分析。

首先是"时间"这个名词的本身概念问题。时间是一个抽象的概念，它不同于我们身边常见的桌子、椅子等具体事物，它看不见，摸不着。一般来说，3—4岁的小孩知道白天黑夜、早上晚上；4—5岁的小孩应该分得清昨天、今天和明天；5—6岁的小孩知道具体几点钟。因此，我们可以根据孩子对时间的概念发展来培养他们的时间观念：教孩子认识时间；有效利用钟表；对年龄大一点的孩子，可将具体事件和时间结合，例如"三点钟我们出去玩"。

其次，我们仔细推敲一下，我们自己是一个有时间观念的人吗？可能，有一部分人的时间管理的确很到位，但许多人的时间观念是模糊的。你也许不同意这种说法，那么，不妨问问自己：昨天一整天是怎么安排的？是否有清晰的计划？这些安排是否合理？每件事情分别花了多少时间？对自己的时间安排能精确到什么程度？

如果我们自己都不善于管理时间，那么也只能空洞地说教孩子，于是"抓紧时间"就成了最正确的废话。孩子困惑的，往往是怎样才能"抓紧"？而事实上，就算善于管理时间的人，怎样将自己的方法教给孩子，也是一个不小的难题。

三、锦囊支招

让孩子做事情有计划是让孩子管理好时间的一个重要方法。如何培养孩子做事情有计划的好习惯？《培养自理好习惯》一书做了详细的介绍，方法可操作性强，跟着作者的思路一步步实施，孩子有可能养成做事有计划的好习惯。

1. 培养孩子对时间的敏感度

制订计划就是分配时间，即提前把时间分配在需要做的事情上。要能做到这一点，孩子必须首先要对时间敏感。时间敏感度高的人，能够很好地预估自己在单位时间内做事情的量，也知道自己做完某件事情需要的时间大约是多少。

如何判断孩子时间敏感度的高低？作者给出了方法：

请父母准备好一个有秒针的钟表。当秒针指向"12"时，让孩子闭上双眼，预计时间过了1分钟后再睁开眼睛，看看孩子的预计值与实际时间差多少，属于哪一种类型。

第一种类型：预计值跟实际相比少 15 秒以上。这种说明孩子性格比较急，遇到什么事情都想尽快完成。

第二种类型：预计值跟实际相比少于 15 秒或者多于 5 秒之内。这说明孩子对时间的敏感度高，往往能比较准确地做出时间规划。

第三种类型：预计值跟实际相比多 6 至 15 秒。这说明孩子属于对时间反应较为迟钝的一种。这提示父母要经常督促和检查孩子时间管理情况。

第四种类型：预计值比实际时间多 15 秒以上。这说明孩子对时间的敏感性很差，父母要更加用心培养。

如果通过测试，家长发现孩子对于时间的敏感度不好或是很差，就不要先忙着让孩子做计划，而是要先对孩子进行一些增强时间敏感度的训练。

书中介绍了一些简单的训练方法：某件事开始时，先估计它所需要的时间。当这件事完成时，记录下实际使用的时间。比如：

具体事情	估计时间	实际时间
从家到学校	25 分钟	20 分钟
吃午饭	10 分钟	20 分钟
去超市买彩笔	40 分钟	50 分钟
……	……	……

经过一段时间的训练，孩子的时间敏感度会越来越高，对做一件事情所需要的时间估计也会越来越准确。孩子对于时间管理也会越来越有兴趣。

2. 学会制订日程表

要把时间管理起来，知道自己要在什么时间做什么事、多少时间内要完成，必须要把这些事情落实到每一天的每个时间段。比如上午 8—9 点做什么，下午 5—6 点做什么。这个过程就是制订日程表的过程。

日程表应包括每日日程表、每周日程表、每月日程表。当然，孩子开始学习做日程表的时候，家长一定要从旁协助。

第一步：列出事务清单

列出事务清单，就是列出一个人每天要做的事情。列出事务清单可以防止孩子遗漏重要的事情。而且列事务清单的过程，其实也是孩子整理思路的过程，有助于他把精力集中在这些要做的事情上。

家长可以试着指导孩子列出某一天的事务清单，把孩子从早上起床一直到晚上上床睡觉这一整天的事情都罗列出来。在列每日事务清单时，最好对照着学校的课程表进行。

列事务清单的时候不要怕细碎。一般来说一个小学生一天的事务可以分为几个类型：生活、学习、娱乐、休息、人际交往等等。列的时候父母一定要与孩子一起做，提醒孩子把要做的事情都写下来。也许写下来一看，父母会发现孩子每天要做的事情还真是不少呢。

第二步：预估每项事情所需时间

这一步，就是要给每一件事情分配时间。比如写作业需要多少时间，吃早饭需要多少时间，看电视需要多少时间，阅读需要多少时间。

进行这一步需要注意的是，在估计每项事务所需要的时间时，一般要高估，可以高估出25%，甚至50%的时间。这样做可以使孩子感到不那么紧张，在做每件事情的间隙有放松的时间，也有利于留出时间处理突发事件（比如接电话）。多余的空闲时间，孩子也可以做一些自己感兴趣的事情，作为对他有效管理时间的奖赏。

在开始做日程表的时候，要把时间预估得宽松些，这有利于根据实际情况调整时间表。因为一开始可能对于做每件事情需要的时间估计得不是太准确，时间留得稍稍多一些，就可以做一些调整。随着时间的推移，日程表的准确性会越来越高。

第三步：把个人事务与个人时间结合起来

制订日程表时，先要把一些固定的时间标出来。比如每天的睡觉时间、起床时间、上学时间、吃饭时间。然后再标出每天必做的事情必需的时间，比如每天做作业的时间、运动时间。其他的是弹性事件时间，比如每天的阅读时间、与朋友聊天的时间等等。

如果孩子一开始的时候，列出来的事情过多，算下来可能一天内根本完成不了，父母就要和孩子一起讨论哪些事情可以去掉，哪些事情可以放在第二天做，哪些事情可以放在周六做。

3. 认真执行日程表

每日的日程表制订出来后，孩子要做的事情就是按照日程表行动。每天晚上睡觉前的最后一件事，就是检查当天日程表的执行情况。

（1）如果是100分，我（孩子）给今天的执行情况打几分？

（2）今天哪些事务完成得好？对当天顺利完成的事务，在日程表"完成情况"一栏打"√"。如果因为采取了某些计划外的措施或技巧，使任务提前完成了，也要把好经验写下来，给自己一些表扬和鼓励。

（3）今天哪些事务没有完成或完成得不好？如果没有完成或完成得不好，就打"×"，并在空白处说明原因以及何时完成。

在培养孩子这一习惯的时候，如果父母此前并没有这样的习惯，也可以和孩子一起形成做事有计划的习惯。父母不仅要帮助孩子制订计划，也可以把自己每日的生活做一个计划。一方面形成这样的家庭氛围有助于孩子良好习惯的养成，另一方面父母对于做事有计划这个习惯的形成过程也会更有体会，有助于正确指导孩子。

四、要术概要：敏感度与日程表

1. **培养孩子对时间的敏感度**。时间敏感度高的人，能够很好地预估自己在单位时间内做事情的量，也知道自己做完某件事情需要的时间大约是多少。

2. **学会制订日程表**。要把时间管理起来，知道自己要在什么时间做什么事、多少时间内要完成，必须要把这些事情落实到每一天的每个时间段，这个过程就是制订日程表的过程。

3. **认真执行日程表**。每日的日程表制订出来后，孩子要做的事情就是按照日程表行动。当然，父母适时地给予孩子正确的示范与鼓励对习惯的培养具有重要的促进作用。

第 2 节
劳动自理能力的培养

锦囊要术：信任、表扬和指导

一、教师观察

每节课后，老师都会提醒孩子做好"课后三整理"：前后节课的课本调换，桌椅横竖排整齐，注意课桌周边的地面卫生。虽然老师经常提醒，但能做到并坚持的孩子并不多。把老师的提醒当耳旁风，一溜烟跑出教室的都是爱玩好动的那几个孩子，他们没时间更没耐心去做这些事情。

同样是两周轮到一次的班级午间值日打扫工作，有的孩子吃完饭早早到教室开始值日工作，扫地、摆桌椅、倒垃圾、整理讲台，井井有条。而有的孩子显然做得很不熟练，垃圾也好像很调皮，要么就是跟孩子玩捉迷藏不被孩子发现，要么就不让孩子扫进畚斗。还有的孩子，早就忘了值日的事情，等到卫生委员去提醒了，才依依不舍地从游戏中抽离出来，跑到教室，拿着扫把三下五除二地挥舞一下，就当完事了。

从以上部分孩子的表现可见，孩子对劳动首先是态度上不重视，其次是训练太少，不熟练。劳动是少年儿童生活的需要，学会生活自理，是少年儿童生存的基本能力。每一位家长都应清醒地意识到，孩子迟早要离开家庭走入社会，如果缺乏生活自理能力，就无法自立于社会，影响孩子的前途。而每天适当地参加一些劳动能使孩子的身体得到锻炼，自理能力得到培养，劳动观念也大大得到增强。而且劳动也可使孩子体谅父母的辛劳，体会劳动成果的来之不易，从而能自觉养成为家长分担一些力所能及的家务的习惯，逐步培养家庭责任感。劳动还能让孩子学会分工和合作，提高竞争能力。

从小爱劳动的孩子，他们的自理能力也较强，长大后独立生活的能力也较强，因为他们从小就在劳动中增长了才干，培养了优秀品格，劳动提高了他们对社会的适应能力。由此可见，家长要有意识地培养孩子的自理能力和劳动习惯。

二、家长困惑

家长普遍反映小学低中年级的孩子不能独立完成自我服务性劳动，一般都是在家长的帮助下完成的。而造成这种困扰的原因大致有以下三种：

其一，孩子动作慢，且怕脏，怕累。 孩子在学习各种劳动技能的过程中，有时会偷懒导致拖拉，有时会因为不熟练导致费时。这个时候，家长如果很着急，缺乏耐心，就会习惯性地包揽孩子的事情。比如，给孩子喂饭，希望孩子吃得快一点，多一点；给孩子穿衣服，系红领巾，希望孩子别迟到；帮孩子整理书包，以免明天又忘带什么东西影响学习。

其二，长辈过度宠爱，成溺爱。 由于我国人口政策的原因，大部分孩子一出生就在家里"地位尊贵"。即便爸爸妈妈有心让孩子多劳动，多干活，家里也总难免会因长辈的溺爱和护短而被阻止，这也成了培养孩子自理能力和劳动习惯的阻挠因素。

其三，重视学科教育，忽视劳动教育。 家长通常对孩子的学习成绩比较重视，只要孩子认真学习，学习成绩好，就给孩子很高的评价。由此导致，孩子放学回家先学习写作业，周末放假在各类培训班里连轴学习。因为学习占用了绝大部分的时间，所以劳动的时间就被挤占了，甚至有些家长认为帮孩子做能省出更多的时间让孩子用来学习。

三、锦囊支招

对于小学生来说，自理能力和参加劳动的基本要求是"四个做"，即：自己的事情自己做，不会做的事情学着做，家里的事情帮着做，集体的事情争着做。

学会铺床、叠被、叠衣服、洗脚、洗红领巾、洗手帕、洗袜子、整理书包等，这是必需的自理能力，自己的事情自然要自己做。在家务劳动中学会洗菜、扫地、擦桌椅、倒垃圾、买酱油和盐等，这是家里的事情，应该学着做。学会打扫教室卫生、扫地、倒垃圾、拖地、打扫包干区、打扫大楼公共区等属于公益劳动，集体的事情要争着做。

那么，如何培养小学生的自理能力和劳动习惯呢？

1. 信任孩子，小事做起

学生的好奇心很强，看见大人在做事会要求试做，如洗碗、擦桌子等。这时候，一定要给他们机会，并鼓励孩子好好做，干得好，让他们体会到做事的乐趣。这样，孩子们才会乐于去做一些自己力所能及的家务，培养自己的劳动习惯。

2. 多点表扬，少些指责

因为小学生的能力有限，有时做的事不能达到大人所预期的那样，这时，我们不能以大人的标准去评价他们，而应该给予表扬，给他们信心，让他们在多次的实践中掌握方法。当然，对于家务劳动不能仅凭兴趣，应根据孩子的年龄特点提出适当要求。要经常做，天天做，养成劳动习惯。家长要督促，形成制度。

3. 给予帮助，适当指导

由于孩子能力有限，家长在培养孩子的自理能力和劳动习惯上要给予帮助和指导。如拖地，为孩子做一把较轻的拖把，要教会孩子怎么拖省时省力，而且家长也要热爱劳动，要有强烈的家长责任感，孩子看了以后也会增强信心，养成劳动的习惯。孩子在做事时遇到困难，家长一定要及时地给予帮助，让他们及时自己解决，而不要为此把事包揽过来，让孩子失去信心，从而产生依赖心理：反正有人会帮我做的，我不会干不要紧。长此以往，会对孩子生活自理能力的培养形成很大的阻碍。

小学生自理能力的培养不是一两次教育就能奏效的，这是一个漫长的过程。孩子还小，只要他自己能做，就要给他创造锻炼的机会，只有这样，培养自理能力才能成为现实。孩子的自理能力和劳动习惯的培养不是一朝一夕的，而是要从小培养，持之以恒，这样才能产生良好的效果。

四、要术概要：信任、表扬和指导

1. 信任孩子，小事做起。这样，孩子们才会乐于去做一些自己力所能及的家务，培养自己的劳动习惯。

2. 多点表扬，少些指责。因为小学生的能力有限，有时做的事不能达到大人所预期的那样。这时，我们不能以大人的标准去评价他们，而应该给予表扬，给他们信心，让他们在多次的实践中掌握方法。

3. 给予帮助，适当指导。由于孩子能力有限，家长在培养孩子的自理能力和劳动习惯上要给予帮助和指导。

第 3 节
文明礼仪的养成

锦囊要术：知礼习礼多练习

一、教师观察

镜头一：天气晴朗，阳光明媚。踏进校门，一个个穿戴整齐的孩子从身边经过，一声声"老师早""老师好"的问候声从耳边传来，我一边回应着，一边心里涌起一种说不出的愉悦。

镜头二：下课了，同学们挨个走出教室，不打不闹不奔跑；上下楼梯靠右行，不拥不挤不跑跳，偶尔也会有听见"对不起""没关系"的说话声。操场上欢歌笑语，一阵风吹过，不知道从什么地方飞来了一个包装袋，一个小男孩看见了，弯腰捡起，一路小跑把包装袋放进了分类垃圾桶……

镜头三："丁零零……"放学铃声响起，孩子们背上书包，在老师的带领下，排着整齐的队伍走向校门。在老师的指挥下，孩子们有秩序地走出校门，先跟老师鞠躬道别，再和等候在校门口的家长笑脸相拥。

以上镜头中出现的情景自然给人文明礼貌、有礼有节的美好印象。良好的礼仪习惯不仅能给人带来快乐，而且能够帮助一个人走向成功。从外表上看，礼貌是一种表现或交际形式；从本质上讲，礼貌反映着我们自己对他人的一种关爱之情。所以，真正的礼貌必然源自内心。

二、家长困惑

对于孩子是否有礼貌这件事情，大部分家长是注重和在意的。曾有家长非常懊恼地跟我说，孩子看到老师或熟人时，就算面对面看见了，孩子还是会远远地绕个弯从另一个方向过去，目的就是为了避免与师长或熟人打招呼。家长越是提醒孩子要见人打招呼，对人有礼貌，孩子要么勉为其难，毫无表情地打声招呼，那声音，就跟蚊子飞过似的，谁能听得到啊。又或者，越是提醒孩子要有礼貌，孩子越是逃得快，像没听见似的，一溜烟跑了。说这些话的时候，家长一脸无奈。

为什么家长重视在意了，孩子却无动于衷呢？我们来看看聪明的家长是如何处理以上类似问题的。

7岁的明明在家中接待客人时没有运用礼貌用语，聪明的妈妈没有当场在客人面前指责孩子，因为她知道批评和指责往往会导致孩子的逆反和不服，而且这种做法本身也是不礼貌的。但是，这位妈妈并没有忘记这件事，在客人离去后，妈妈把孩子叫到身边，温和地对他说："明明，妈妈发现你对叔叔讲话时，没有运用礼貌用语，这是不对的。当叔叔送礼物给你的时候，你应该说'谢谢叔叔'，你说是不是？"明明有所醒悟地说："哦，我忘记了，对不起，妈妈，我下次会注意的。"这样，妈妈通过在事后提醒教育的方式，让孩子明白了自己的错误。

孩子不愿意与人打招呼必然是有原因的：比如孩子从小就很害羞；孩子认为客人是父母的客人，与自己没关系；或者他正在做作业，一时忘记了打招呼……这时候，父母需要的是引导孩子去跟客人打招呼，如果孩子实在不想打招呼，父母不应该强迫孩子，应该在事后告诉孩子："与人打招呼是最基本的礼貌，你去别人家里时也希望受到别人的热情欢迎呀！"这样，让孩子设身处地为他人想想，他的礼貌举止才会发自内心。

父母还要注意，文明礼仪根据不同的场合有不同的分类和要求，比如形象礼仪、课堂礼仪、活动礼仪、交往礼仪、就餐礼仪。

三、锦囊支招

德国诗人歌德说过："一个人的礼貌就是一面照出他肖像的镜子。"又有人说过："教孩子礼仪，就等于教孩子优雅地过一生。"见人微笑、主动问候，是孩子应知的最基本的礼貌，但孩子有时却做不到，常让家长着急。其实，日常交往是培养孩子礼仪的绝好机会。生活中的你来我往是必不可少的。当有客人来访或到别人家做客时，家长可利用这些机会培养孩子的礼仪习惯。而文明礼貌的习惯，必须从小培养。

1. 让孩子知道什么叫礼貌

当看到孩子有不礼貌行为时，大部分家长的反应是训斥、批评，而没想过一个关键的问题，那就是——孩子根本就不知道礼貌是什么，什么行为是有礼貌的，什么行为又是没礼貌的。父母要有意识地在不同场合、根据不同对象教给孩子具体的做法。如对长辈说话时要使用"您"；早上见面时主动向认识的人问好；分别时要说"再见"；请求别人帮助时要用"请"；得到帮助后要说"谢谢"；对长者不能称呼姓名或叫"老头"等，而要称呼"老爷爷""老奶奶""叔叔""阿姨"等；家里来了客人要有礼貌地回答客人的问话；到别人家里不随意翻东西……

2. 反复练习形成良好习惯

好习惯的养成，不是靠说出来的，而必须通过不断的练习。比如，每天都要搭乘电梯好几次上下楼，可以教孩子一走进电梯先向开电梯的叔叔、阿姨或爷爷奶奶问好。别人帮着按了楼层，要说"谢谢"。离开电梯时，要向电梯里的人说"再见"。每天练习，时间长了，孩子自己就会主动地问候了。

同时，也要让孩子明白，用不礼貌的方式表达要求，是得不到好效果的。比如孩子打你或叫你"大笨蛋"时，怎么办？这时候，家长最重要的是保持平静，然后坚决地告诉他这样做是错的。最后，还要告诉他用正确的方式表达自己的要求。

3. 多给孩子提供和客人交往的机会

有些父母为了不让孩子打扰来访的客人，会把孩子打发到一边，让他们自己去玩。可这样做会影响到孩子社交能力的发展。孩子会想：妈妈为什么不让我跟客人在一起，是不是我总是做错事情？久而久之，家里一来客人，孩子就会自动躲到旁边去。所以，当有客人来访时，父母应该把孩子叫来，向孩子介绍客人，再向客人介绍自己的孩子，可以让孩子帮客人拿拖鞋、拿杯子，和客人一起说说话或做做游戏，而不是把孩子打发到一边去。

最后，家长要注意，父母的以身作则永远是最重要的。潜移默化中，教孩子懂礼貌，即便他一时不理解"尊敬""谦让"等概念的确切含义，但只要父母每天都用尊敬、谦让的态度对待别人，孩子自然而然地会模仿，这些都是孩子今后形成良好礼仪修养的基础。

四、要术概要：知礼习礼多练习

1. 让孩子知道什么叫礼貌。 当孩子有不礼貌行为时，大部分孩子其实根本就不知道礼貌是什么，什么行为是有礼貌的，什么行为又是没礼貌的。父母要有意识地在不同场合、根据不同对象教给孩子具体的做法。

2. 反复练习形成良好习惯。好习惯的养成，不是靠说出来的，而必须通过不断的练习。同时，要及时制止孩子的不礼貌行为。让孩子明白，用不礼貌的方式表达要求，得不到好效果。

3. 多给孩子提供和客人交往的机会。当有客人来访时，父母应该把孩子叫来，向孩子介绍客人，再向客人介绍自己的孩子，可以让孩子帮客人拿拖鞋、拿杯子，和客人一起说说话或做做游戏，而不是把孩子打发到一边去。

第4节
提前预习，听课更轻松专注

锦囊要术："览读思查摘"五步

一、教师观察

桐桐和茜茜是小学五年级的同班同学。桐桐的数学、科学成绩好，而语文、英语成绩不太好；茜茜恰好相反，她语文、英语成绩好，数学、科学成绩不太理想。班里召开学习经验交流会时，桐桐和茜茜都被选为代表介绍他们各自的学习经验。

桐桐说："我的学习经验其实也没什么，无非就是提前看看书。"

同学问："提前看书？那么请你说具体点，你是如何提前看书的？"

桐桐说："每个周末，做完老师布置的家庭作业后，我都会拿出一个小时左右的时间，浏览数学课本后面没有讲过的内容。"

又有同学按捺不住地问："后面的内容老师没有讲过，你看得懂吗？"

桐桐说："不懂就对了！其实许多问题我都是似懂非懂。每次，我都把不懂的问题提前勾画出来，这样下周听老师讲课时，我就心中有数了。当老师讲到那些我不懂的问题时，我就特别细心地听。"

茜茜似有所悟，会心地笑了。原来她的语文和英语的学习经验与桐桐的学习经验不谋而合，她说："我学习语文、英语的方法，与桐桐学习数学的方法有相似的地方。我也是每周末把下周要讲的英语课文和练习提前看一遍，把不熟悉的单词查出来，把陌生的课文提前大声读两遍。如果哪个地方发音不太准确，就标记个符号。"

通过这次学习经验交流会，孩子们总结他们共同的经验就是——提前预习，心中有数。

二、家长困惑

预习对于初中生、高中生来说非常重要，是决定学习成绩的关键环节，老师、学生乃至家长都非常认同这一点。小学生似乎就不那么重视预习，甚至干脆不提倡预习。小学的知识那么简单，小学生需要预习吗？

答案是，预习对于小学生来讲，是非常有必要的！不单单是为了学习知识，更重要的是要养成预习的好习惯。

预习是在习什么？

预习一般是指在老师讲课之前，自己先独立地阅读新课内容，做到初步理解。通过不断的预习形成一个良好的学习习惯，有助于培养孩子们独立思考、自我学习的兴趣和能力。

预习是在培养孩子的独立的学习习惯和方法，具体的知识点并不是预习的目的。

学习习惯到底是指什么？

能独立思考的孩子，无论以后遇到什么样的问题都能主动去想办法解决，这就是在培养孩子主动学习的习惯。

那么，学习方法呢？

有了思考的动力，更要学会用工具去解决问题，这就是学习方法。

可以借助工具书、手册、网络，用最快的办法检索到自己需要的内容。快速、准确地获取知识，这就是学习方法的要点。

好的学习习惯养成了，对小学生来说，学习任务就完成了一大半！

三、锦囊支招

1. 预习的意义

预习是一种铺垫。预习是了解教材的阶段，其实质在于把学生引导到一个新的水平线之上，提高他们学习教材的起点，从而改变被动学习的局面，为高质量的教和学打好基础。一方面预习不能是"浮光掠影"的，另一方面又不必都要求"水落石出"，适度是其关键。

预习是一种预测。对于学生而言，预习具有洞察性，它是学习过程中的一个环节，也应看作学习过程中不可缺少的一部分，类似文章中的"过渡段"。通过预习，初知概貌，生出疑问，"测量"出自己知识的深浅，认识到教材难点之所在，然后再去更有针对性地听课学习，其积极意义是很明显的。

预习是一种自练。预习主要是为学生提供一个阅读和独立思考的机会，一般说来，它是学生根据一定的预习要求进行练习的过程。这种自练，从近期目的看，是为学习具体教材做铺垫；从长远目的看，它是在培养发现问题、分析问题、驾驭知识等能力。因为这种自练本身是在尝试了解教材，非常有利于培养孩子"会学"的能力。

2. 预习的分类

预习可以分为学期预习、一周预习、一日预习。一般是对三四年级以上的学生来说的。

学期预习：是在发下新书后，孩子们对新书感到特别新鲜好奇的情况下进行的，必须由老师或父母来指导。针对课本（主要是语文、数学、英语）目录做一个大概的浏览。

一周预习：需要孩子独立进行，需要特别细致。让孩子往后看书，哪些地方看不懂，就用彩笔特别标记出来。如果一周预习特别细致，那么一般不需要进行一日预习。

一日预习：如果一周预习比较粗放，或者没有进行，则需要一日预习，一般20分钟即可。

3. 预习的步骤

浏览：每次新课程和上次旧课程都是有关联的，通过预习找出自己对于旧知识掌握得不好的地方，并且翻阅和补习，所谓的"温故而知新"就是这个道理。在阅读新教材的过程中，要注意发现自己难以掌握和理解的地方，要预先做好记录，以便在老师讲课的时候能够准确地记录好知识点。

朗读：无论是语文课文、英语词句，还是数学概念等，一定要大声朗读出来。朗读比默读更能强化记忆，更能培养孩子的语言表达能力。边读边找文章的要点：如一些描写手法、难懂的知识、文字、概念，加以标注。

思考：预习的过程当中，思考是很重要的。读课文的时候要想，多想想文章的中心思想，文章的一些深刻含义。联系旧知识，思考新知识与旧知识之间的关联，可以帮助理解新知识。还可以看看文章后面的一些思考题，思考题体现了教材编者的意图，可以帮助发现新课中的重要知识点，对于学习是有帮助的。

查阅：面对预习中不熟悉的生字新词，建议孩子随时拿起字典进行查阅，包括读音、用法、意义等。通过不断查阅工具书等，可以帮助孩子扫除阅读的障碍，也能培养其独立解决问题的能力。在查阅的过程当中如果碰到一些典故的话，可以选择记录下来，这样就可以丰富自己的知识储备了。

摘录：一篇新文章有很多值得记录的语句、典故、技巧，在预习的过程中，应当把一些自己认为好的词语、句子摘录下来。所谓"嘴过三遍，不如手过一遍"，动手摘录好句子，能够培养学生自身的判断能力，这一点是非常重要的。

四、要术概要："览读思查摘"五步

1. 浏览、朗读。每次新课程和上次的旧课程都是有关联的，通过预习找出自己对于旧知识掌握得不好的地方。无论是语文课文、英语词句，还是数学概念等，一定要大声朗读出来，朗读比默读更能强化记忆，培养孩子的语言表达能力。

2. 思考、查阅。思考，能帮学生找到新知识与旧知识之间的关联，可以帮助其更好地理解新知识。查阅，不仅可以帮助扫除阅读的障碍，同时也能培养自己独立解决问题的能力。

3. 摘录。动手摘录好句子，能加深记忆和理解，并提高学生的判断能力。

第5节
高效作业，让能力扎实落地

锦囊要术：提前写和做计划

一、教师观察

当孩子终于从幼儿园进入小学，家长们肯定是高兴的，而高兴中不免夹杂着一丝紧张。高兴是因为孩子终于上小学了，开始学习越来越多的知识了；紧张则是因为忧虑孩子能不能学好，自己如何才能更好地帮助孩子学习。

作业是学习过程中的一个重要环节，必不可少。而作业完成后，老师和家长需要通过检查才能获悉孩子的学习情况。小学阶段，在学校里有老师辅导和检查学生的作业，而家庭作业这一项，就需要家长们费心了。

这里的"费心"，不是为作业的质量，而是为作业的习惯。很多家长并不知道怎么辅导孩子做作业：要么干脆不管孩子的作业，孩子有哪些作业，是否完成一概不管；要么对孩子的作业干预过多，不是叫孩子做语文，就是叫孩子做数学，孩子做得慢了还死命催，从放学到睡觉前一直盯着孩子，跟盯贼似的。

二、家长困惑

一位家长曾描述孩子写作业的状态，一会儿卷铅笔，一会儿喝水，一会儿上洗手间，出了洗手间又去打开冰箱找小零食吃……总之，跟学习有关的事情没做，跟学习无关的事情一串，看得家长忍不住生气地吼叫起来。

很多家长因辅导孩子而大动干戈，甚至生病住院。人们似乎对"孩子写作业"有了共同语言，"不写作业，母慈子孝，一写作业，鸡飞狗跳"。

是家长对孩子要求太高了吗？细细思量，其实不是。作为一个孩子的家长，可以接受孩子资质一般，平平常常，但是，确实不可忍受"他写作业磨磨蹭蹭，东张西望，边写边玩，粗心大意"的这种状态。

换句话说，"你可以不聪明，但是不能不踏实努力"，也许这才是引发很多家长大动干戈的根本所在吧！

三、锦囊支招

1. 家长陪伴孩子写作业不同阶段的要求

小学一、二年级,虽然没有书面家庭作业,但是阅读等口头作业还是要完成的。建议家长全程陪伴孩子写作业。这里的陪伴,不是坐在孩子边上,孩子听一句家长的指令,完成一项作业。陪伴是用心观察,尽量督促孩子高效完成作业,避免孩子写作业时出现磨蹭、拖拉情况。

小学三、四年级,写作业之前,引导孩子把当天学过的知识复习、整理一遍,最后再写作业。

小学五、六年级,学习效率高的孩子基本上能做到在学校就把大部分的作业写完,到家后收下尾,并自行检查。而家长只需要抽查或不定期抽查老师给孩子的作业评价,孩子字迹是否工整,是否有及时订正就可以了。

2. 寻找孩子完成作业很慢很迟的原因

(1)老师布置的作业真的是非常多

老师布置的作业多,如果有非常多的机械抄写的作业,我想可以按照《好妈妈胜过好老师》的作者尹建莉老师的做法替孩子写作业。

如果是逻辑思考的作业多,那么我想我们还是无能为力的,逻辑思考问题是要孩子自己解决的,家长可在孩子没头绪的时候,给出指导性的意见。

(2)作业少但孩子写作业总是磨磨蹭蹭,浪费很多时间

如果孩子写作业的时候总是磨磨蹭蹭,一会儿要喝水,一会儿要上厕所,那么家长就要盯紧了,改掉他这个坏习惯。

家里没有学校的那种学习环境与氛围,孩子写作业的时候总是被干扰,不能很好地集中注意力。那么我们就要给孩子创造一个好的学习环境,并引导孩子专心致志地写作业,提高写作业的效率。

(3)家长给孩子布置额外作业

由于小学的时候作业少,孩子很快把作业完成了,家长又不希望孩子输在起跑线上,会给孩子买许多的练习题。孩子总是玩心重,当孩子看到自己这么快写完作业,但家长不但不表扬他,反而给他增加负担时,他就会感到绝望,那么他就会以一种消极的态度反抗你,写作业磨磨蹭蹭。磨蹭到很晚才写完,这样就没有时间来写家长布置的作业了。孩子一旦养成这种不积极写作业的习惯,那以后就很难改正了。

3. 提高孩子写作业效率的方法

(1)让孩子养成在学校完成作业的习惯

小学阶段,特别是1—3年级,家长应该有意识地引导孩子养成在学校就把家庭作业完成或完成一部分的习惯。

小学阶段课业不是很紧张，只要用心就可以在学校内完成一部分。由于在学校已经写了一部分，回到家他需要写的作业就比较少了，他就可以轻松地完成作业，按时或提早睡觉。

（2）和孩子一起制订学习计划表

放学之后什么时候玩耍，什么时候吃饭，什么时候开始写作业，先写哪一门作业，家长可以和孩子一起制订学习计划表，并按照计划表严格执行。

形成习惯之后，孩子就会非常自律，就会十分有效率地完成作业。

可以先写需要逻辑思考的作业，后写那些要抄写和背记的机械性作业。刚开始写作业的时候，人的大脑是清醒的，逻辑思维很清晰，适合写要思考的数学题、英语题、阅读理解题等。随着时间的推移，大脑也疲惫了，那就写一些抄写题。

（3）业余的游戏时间

一张一弛才是正道，经过一天的学校学习，孩子是十分疲惫的。他们需要丰富的娱乐活动来放松心情，心情好了，负能量少了，学习效率自然可以提高上去。孩子不是学习的机器，可以有自己的时间、自己的兴趣爱好。作业写完了，剩下的时间就是他的了。

四、要术概要：提前写和做计划

1. 让孩子养成在学校完成作业的习惯。 家长应该有意识地引导孩子养成在学校就把家庭作业完成或完成一部分的习惯。由于在学校已经写了一部分，回到家他需要写的作业就比较少了，他就可以轻松地完成作业，按时或提早睡觉。

2. 和孩子一起制订学习计划表。 放学之后什么时候玩耍，什么时候吃饭，什么时候开始写作业，先写哪一门作业，家长可以和孩子一起制订学习计划表，并按照计划表严格执行。形成习惯之后，那么孩子就会非常自律，就会十分有效率地完成作业。

3. 业余的游戏时间。 经过一天的学校学习，孩子是十分疲惫的。他们需要丰富的娱乐活动来放松心情，心情好了，负能量少了，学习效率自然可以提高上去。

第 6 节
复习整理，攻克知识的盲区

锦囊要术：回忆看书再整理

一、教师观察

当前，小学生的学业成绩注重过程性和多元化评价，小学没有单元和期中测试之后，一部分孩子往往只在期末的拼音、识字、口算等各项过关和期末考试时才重视复习。显然，这是一个不正确的认知和错误的做法。

由于日常复习没有做到位，导致期末各项学业能力过关、期末测试时经常出现以下几种现象：首先，基础薄弱的孩子通常会成为每门学科老师需要重点辅导的对象。期末复习，时间紧迫，该生任务繁重，无法招架各门学科的复习辅导，通常容易出现烦躁厌学的情绪。其次，期末复习阶段，是一学期最炎热或最寒冷的时期，加之一学期的学习和期末复习时各学科比较集中密集的知识梳理和练习巩固，体质较弱的孩子容易出现发烧等身体不适症状，而这样的症状在小学生群体中又是极容易传染、蔓延的，那其他的孩子也就难免中招了。

"学而时习之，不亦说乎！"古人把经常复习当作一种乐趣，能达到这种境界是非常不容易的。复习在学习中起到巩固、强化的作用，是掌握知识的一个重要环节。学习中，只有经常复习学过的知识，才能将其牢记在心中。

二、家长困惑

复习，尤其是期末复习，家长往往都选择最直接有效的检测方式——刷题。但是刷题的副作用也比较大，对于低年级小学生来说，好不容易培养起来的学习兴趣，会被刷题消磨殆尽，取而代之的就是厌学，逃避写作业，不好好听讲等一系列的学习问题。

如果不刷题，又如何得知孩子是否掌握了知识，是否能自主进行复习整理，以及保证孩子的复习有效果呢？家长的以上困惑，我们将从"谈话""检查""小测试"来试着给出建议。

1. 写作业前的沟通，请孩子自己说一说学习安排。 不管是低年级还是高年级，我们都需要小学生对自己的学业有清晰的认知。那些回到家里一问三不知的小学生，学习意识和态度肯定是不端正的。所以家长应该有意识地询问孩子对自己学习任务的了解情况，在写作业前，和孩子沟通一下，让孩子说一说今天都有哪些作业，以及自己打算如何安排和计划。通过这个方式，我们可以了解孩子是否建立了期末复习的学习意识，有没有主动学习的能力。

2. 从检查作业中，看出孩子上课是否认真听讲了。 在写作业的时候，家长可以观察孩子在遇到难题不会解答时是会求助，还是坐在书桌前发呆。并且从作业的完成质量上也能看出孩子上课是否认真听讲了。

3. 家长的小测试，查缺补漏，进行针对性的练习。 每当学习结束，家长可以通过一些小测试，来考察孩子通过今天的复习，是否已经把学习内容掌握了。家长化身老师，考一考学生，以游乐的形式去了解孩子当天的学习情况，从而查缺补漏，进行针对性的练习。以语文为例，基础不好，就主要记忆生字词和背诵课文；理解能力不足，就多阅读多思考。

在期末考试阶段，家长不要过多参与孩子的复习指导，而是要培养他们独立学习的习惯。

三、锦囊支招

课后复习是学习的重要环节，是与遗忘做斗争的有力武器。怎样抓好这一环节从而提高学习效率呢？

1. 关于复习的正确认知
（1）复习要在理解的基础上

大量的实践证明，理解后的知识易记难忘。可见理解是记忆的前提和基础。要复习好功课，必须先把知识消化了才行，这就要求学生必须做到：上课高度集中自己的注意力，把课听懂，最大限度提高课堂时间的效率；积极思考；有疑必问，当天的疑难当天解决，绝不拖到第二天。

（2）复习要做到及时

遗忘的规律是：先快后慢，先多后少。针对这一规律，我们学过新知识后，要"趁热打铁"，抓紧时间及时复习、巩固，才能不断强化已经建立起来的神经联结。因此，当天课堂上学过的新知识，当天课后还要及时再复习，绝不能只把老师布置的书写作业做完了事，应看看书，理一理知识的脉络，该背的要背,该写的要写,该思考的要思考。

(3) 复习要做到经常回忆

刚学过的知识遗忘得又快又多,所以,复习的次数要相对多一些,间隔的时间也要相对短一些,即要经常复习。随着记忆巩固程度的加深,每次复习的间隔时间也可越来越长,到了一定的时候,知识就能牢固记忆,不复习也不会忘记了。

2. 关于复习的四个步骤

尝试回忆: 就是下课后独立地把老师上课讲的内容回想一遍,这样可以及时检查当天听讲的效果,增强记忆,提高看书和整理笔记的针对性,养成善于动脑思考的好习惯。

看教科书: 重点看尝试回忆时想不起来、记不清楚、印象模糊的部分,看书时,用红笔把书上的重点部分、新概念或容易忽略的部分勾画出来,在书的四周空白处记下简要的体会,高度概括课文内容的语言以及有利于记忆、带提示性的语句,以便日后再看书时能迅速抓住要点,回忆起关键的内容。

整理笔记: 先把上课时没有记下来的部分补上,再把记得不准确的地方更正过来,以保证笔记的完整性和准确性,然后把笔记本上记录的疑点弄明白,如果需要,把有关内容补进笔记本内。

看参考书: 阅读教科书和课堂笔记,对所学知识有了基本了解之后,再围绕学习的中心内容去看参考书的相关部分,把精彩的内容、精彩的题目及时摘到课堂笔记上,这样就会促使知识掌握向深度和广度发展,使学习逐渐形成良性循环。

3. 关于复习的三点补充

(1) 复习要做到"五到"

复习时要做到眼到、手到、口到、耳到、心到。尤其以"心到"最为重要,通过全身心的投入,多器官感知信息,记忆的效率就高。有研究表明,光看只能获取知识的20%,光听只能获得知识的15%,如果眼看、耳听、手写、口念、脑思同时并用,则可获取知识的50%,所以"五到"是提高复习效率、增强记忆力的关键所在,一定要养成全身心投入学习的好习惯。

(2) 复习要有系统性

一个星期、一个月下来,或是学完了一单元的新知识,一定要把知识整理归类,系统复习,俗称"梳辫子"。经常这样把所学的知识条理化,久而久之,我们所学的知识就会很清晰地储存在大脑里,哪怕是一本书的知识也多而不乱,杂而有序。

每个星期的每一天对各门功课的复习都要做出明确的安排，在时间的分配上要处理好各门功课的关系，既不要用时不平衡，也不要不分重点而平均用力。

（3）复习要有明确目标

给自己以适当的学习压力，虽然并不是每次都能达到目标，但长期这样训练，复习效率肯定会提高。

特别是平时一些细碎、短暂的时间都要利用起来，还可以把每科的基础知识做成一张张小卡片带在身边，以便随时拿出来复习、巩固。

四、要术概要：回忆看书再整理

1. 关于复习的正确认知。 复习要在理解的基础上，做到及时巩固，经常回忆。

2. 关于复习的四个步骤。 尝试回忆、看教科书、整理笔记、看参考书。

3. 关于复习的三点补充。 复习时要做到五到（眼到、手到、口到、耳到、心到），要有系统性，要有明确目标。

第五章 启发爱校术

"教育的效果取决于学校和家庭教育影响的一致性，如果没有这种一致性，那么学校的教学和教育过程就会像纸做的房子一样倒塌下来。"

——（苏联）苏霍姆林斯基

教育学上有个"5＋2＝0"的理论，意思是说，学生一周在学校学习五天的成果，很可能在周末两天被一些社会风气、家庭教育的不当所抵消，甚至毁灭。苏联教育家苏霍姆林斯基所说的学校和家庭教育的一致性，就强调了家长要了解学校，在充分了解的基础上才能充分支持。只有学校、家庭和社会形成合力，才会使"5＋2＝0"变成"5＋2＝7"，甚至"5＋2＞7"。

第 1 节
了解学校办学理念和班级创建特色

锦囊要术：多参与学校活动

一、教师观察

俄国著名作家克雷洛夫有这样一则寓言故事：有一天，梭子鱼、虾和天鹅，要把一辆小车从大路上拖下来，它们三个用尽全身所有的劲，小车还是停在老地方，一点儿也没有移动。这是怎么回事呢？倒不是小车重得拉不动，而是另有缘故：天鹅使劲往上，向天空直提；虾一步步向后倒拖；梭子鱼又朝着池塘拉去。结果小车只能停在老地方。

这则寓言启示我们：大家的目标虽然是一致的，但因为出力的方向不同，尽管大家都使出了九牛二虎之力，仍然无济于事。它告诫我们，为了一个目的，大家在一起工作，只有思想一致、步调一致、行动一致形成合力，才有可能达到预定的目标。

教育孩子，何尝不是如此呢？包括家庭在内的社会环境，时时刻刻都在冲击着孩子的心理，影响着学校的教育。无论这种影响是正面的还是负面的，一般来说都是无法避免的。

苏联教育家苏霍姆林斯基说："教育的效果取决于学校和家庭教育影响的一致性。如果没有这种一致性，那么学校的教学和教育过程就会像纸做的房子一样倒塌下来。"为了给孩子提供最优质的教育，家长需要了解学校的办学理念和班级创建特色，与学校、教师共同配合形成教育的合力。

二、家长困惑

相信很多家长都有这样的疑问：孩子要上小学了，要不要给孩子择校呢？如果有条件择校，选哪所学校好呢？择校的依据又是什么呢？

通常来说，有以下几个影响因素：

1. 对这个学校的认同感

在选择这个学校之前，要全面地去了解，当你真正认同一所学校的时候，再去做选择。什么叫认同，就是对这个学校的办学理念、办学风格等是不是认可，如果是在没有认同感的情况下做的选择，那是对孩子最大的不负责任，当你为孩子选择了一个学校，一个班级，又在孩子面前否定学校（班级、老师），对孩子而言就是灾难。

2. 这个学校学生的幸福感

所谓幸福感，应该是一种内心的感受，是一种心理层面的东西，作为家长我们考虑得更多的是具象和外在的东西，而忽略这种非具象和内在的东西。如果身边有同事、朋友的孩子在你想选择的这所学校就读，就可以向同事、朋友打听孩子的事情。从一些你最关心的比较具体的问题切入，例如学习情况、作业多少、同学关系、选修课、课外活动、班主任情况等。这些聊出来的消息应该会比网上的"参考消息"，更加具有参考的价值。

3. 这所学校对孩子最适合

这是一个老生常谈的话题，在择校的时候家长们都希望好上加好，其实天底下哪有最好，所谓最好应该就是适合的。

4. 学校与家的距离比较近

小学阶段择校，首先应该考虑学校距离自家远近的问题。离家近很重要，而且孩子需要充足的睡眠，个人认为孩子在上学路途上所花费的时间单程，不论是骑车还是汽车，最好不要超过 30 分钟。如果上下学所花时间太长，就会不利于孩子的学习和休息。

三、锦囊支招

了解学校的办学理念和班级的创建特色后，能更好地进行家校合作。首先，教师要深入到学生的家庭中去，同样家长要参与到学校管理和改革中来，实现真正的沟通与互动。

那么，家长可以用怎样的方式参与到学校管理和改革中来呢？美国学者兰根布伦纳和素恩伯格把参与学校教育过程的家长角色分为三类：

作为支持者和学习者。有关研究发现，当家长参与到学校教育中，他们能成为孩子有效的家庭教育者，家长的自信心以及家长对孩子和自身的教育期望都能随着参与有所提高。

作为活动自愿参与者。家长可自愿为学校提供无偿服务，作为班主任的辅助人员帮助教育学生，可就某门学科对学生进行个别指导，可就自身经历给学生做非正式报告等。

作为学校教育决策的参与者。家长参与学校教育决策的全过程，即决策形成、决策执行和决策监督的过程。

下面介绍几种了解学校办学理念和班级创建特色：

重视学校家访。家访是学校和家长联系的重要渠道，小学阶段的班主任每年要对学生家访一次。家访过程中，班主任老师和任课老师会和家长面对面地分析问题，总结经验，切实寻找问题，解决问题，促进学生发展。家访中，家长可以向班主任介绍家庭背景、人员构成，以便班主任掌握更全面的信息。家访时，一定要让孩子在场，家长诚心诚意地与老师一起帮助孩子进步，真正在教师、学生、家长之间建立合作关系。

务必参加家长会。家长会是争取家长配合的有效途径。家长会每学年至少举行一次，由各年级组长主持，班主任介绍学生在校情况，汇报学生成绩，指出学生问题，介绍班级现状等。有些学校在学期结束时也会由教导处、德育处、年级组长、班主任召开家长会，主要是汇报成绩，向家长宣传假期中该做什么，不该做什么，家长起一个监督作用，形成教育合力。

积极参与学校活动。学校会请家长进校参与学校教育活动，以了解学校，认识学校，与学校保持一致。每个年级都要建立家长理事会，作为家长代表参与学校方针、政策的制订，参与学校的后勤管理。在教学过程中，学校也会随机让家长进教室听课，使教育教学更透明有效。以上活动，如果家长有能力，有时间，一定要争取积极参与。

一个深刻、全面和真实的教育，应该是教师了解家庭，做好与家长合作的心理准备，并且要积极鼓励家长成为学校的密切伙伴；家长要承担应尽的职责和义务，积极参与学校事务，本着对孩子的教育负责的想法，用积极的态度成为学校的智囊，为孩子的成长提供良好的环境。

四、要术概要：多参与学校活动

1. 重视学校家访。家访时，一定要让孩子在场，家长诚心诚意地与老师一起帮助孩子进步，真正在教师、学生、家长之间建立合作关系。

2. 务必参加家长会。班主任会介绍学生在校情况，汇报学生成绩，指出学生问题，介绍班级现状等。家长起一个监督作用，形成教育合力。

3. 积极参与学校活动。家长理事会，家长进校园活动等，都能促进家长与子女相互交流，使教育教学更透明有效。

第 2 节
知道孩子的班主任、学科老师和同桌、好朋友

锦囊要术：三个问题聊天法

一、教师观察

每学年召开家长会，我都会特意点数来参加的男家长人数，一般 40 人左右的班级，来参加的父亲有 10 余位。部分爸爸除了开学领孩子报到时见过一面，基本上就再也没有露过面了。个别工作很忙的爸爸，能来开家长会已经是"百忙中抽空"了，他们知道孩子的年级，能认出孩子的班主任老师，至于班级的其他任课老师是谁、孩子在哪个班级、孩子教室的位置、孩子的座位在第几排、孩子的同桌是谁、孩子的好朋友有哪些，大部分是一概不知的。

一边是对孩子教育的高度重视，一边是没有时间陪伴孩子、参与孩子的教育，这也是当下现实生活中存在的教育矛盾和冲突。年轻的父母们要面对在工作、生活的压力下无暇陪伴孩子的无奈。事实上，在不少现代家庭，养育孩子的职责主要推到上一代老人身上，妈妈，尤其是爸爸，对子女教育的参与度是比较低的。

二、家长困惑

为促进教育公平，提升教育质量，百姓在"家门口"就能上好学校已经成了现实。比起上好学校，家长可能更关心的是孩子的老师是谁，有的家长甚至要求选择同桌，干预孩子在班级跟谁做朋友，可见家长对孩子教育的迫切和重视。

在家长眼中选择同桌和同伴如此重要，那孩子和教师又是怎么看待这个问题的呢？

孩子心声："后进生"身上也有闪光点

在家长眼中的"后进生"对于自家孩子来说是个强大"干扰源"，但作为孩子而言，他们眼中的"后进生"同桌并没有那么可怕。担任班长一职的

郑同学换过众多同桌，但所有的同桌基本都是"困难户"。她认为，跟学习暂时落后或整理习惯有待改进的同学做同桌，相处一段时间，对方成绩提高、习惯改进了之后，自己也更自觉自律了，觉得还是挺有成就感的。同时，她发现这些"后进生"身上都有他们特有的优点。比如那些"调皮鬼"男生，其实动手能力都很强，脑子转得也很快，特别是在数学课上与同桌讨论时，总有新奇的解题思路能带动她一起思考；再比如一些性格温和的成绩"掉队生"，其实在做事上比较踏实，心思细腻，这些都是他们身上容易被人忽视的"闪光点"。

教师观点：真正"健康"的孩子不怕被"传染"

在学校中，老师将不同特质的学生进行配对是"约定俗成"的习惯，就是希望全班同学能共同进步。家长，特别是听话、成绩优秀的孩子的家长可能会有些介意，觉得自家的好孩子容易被"带坏"。

但其实"健康"的孩子是不怕被"传染"的。和不同特质的孩子做同桌有不少好处：首先，可以丰富生活，特别是为"循规蹈矩"的乖孩子带来不少乐趣。其次，与"潜能生"同桌能让"好学生"更有责任感、荣誉感和成就感。"好学生"对"潜能生"的帮助，能让彼此（包括全班的孩子）从小就在校集体中体验到关怀友爱的力量。

三、锦囊支招

关心孩子从倾听开始，了解孩子从聊天开始。有的父母一回家便拉着孩子学习，督促辅导孩子的功课，这样让孩子觉得很烦，因为教育本身并不仅仅是教知识。要想对孩子的在校情况有及时全面的了解，以帮助孩子健康、快乐成长，家长可以在接孩子放学的车上、跟孩子一起吃饭的餐桌上、晚上孩子写完作业亲子互动的时间跟孩子"聊天"。每天只要跟孩子聊10分钟，三个问题，就完成了孩子一天的家庭教育。

1. 学校有什么好事发生吗？

在孩子成长的路上，每天的经历都是他们人生的组成部分。家长不能时刻陪伴左右，也就只能通过询问来了解孩子的经历。对"今天有什么好事发生吗"的回答其实能够窥探出孩子的价值观。孩子年纪小，价值观的形成需要很漫长的一段时间，学校的教育其实对孩子人生观、价值观的形成有着重要的影响。

孩子需要逐渐学习明辨是非的能力，家长可以通过问这个问题来判断孩子是如何界定是非好坏的。如果孩子所表现出的认知是基本正确、好坏分明的，家长可以向这个正确的方向多聊聊，丰富孩子的认知，加深强化孩子对这些思想的印象。

如果孩子的认知出现偏差，那么家长就应该首先了解孩子为什么是这样认为的，对这个问题是怎么考虑的，先要了解孩子的真实思想情况，再根据实际来给孩子做一些"思想教育"，让孩子逐渐学会正确看待问题。

2. 今天有什么好收获吗？

孩子每天在学校里或者在生活中都会有一定的收获。一些收获是孩子能够自知的，比如当天学习了某些方面的知识，又学会了新的英语单词，像这样孩子放学回来后和父母沟通当天学过的知识，其实也就是对孩子当天学习内容的一种回顾和复习，这样能够让孩子无意识地加强对知识的记忆，巩固了学习效果。

另外，孩子在学校和生活中还有一些知识以外的收获，例如今天孩子又交到了新的朋友，和他玩得很高兴；或者今天他鼓起勇气上台表演了诗歌朗诵。像这样的经历其实会成为塑造孩子性格的良好推动力。

正是孩子每天的一点一滴的收获，形成了孩子做人做事的能力，在和别人的交往中学会了体谅和包容，学会了沟通交往技巧。在班中积极表现，锻炼了孩子的勇气胆识和当众说话的能力，增强了孩子的自信；见到老师捧着作业本时，主动帮助老师，获得老师赞扬，使孩子感受到了帮助别人的喜悦。即使这些收获，孩子并不自知，但是这些却实实在在地成为孩子健康快乐成长的重要部分。

3. 有什么事需要爸爸妈妈的帮助吗？

相信大部分父母都很少会主动询问孩子这一个问题，因为家长一般都会认为孩子遇到困难的时候会主动地找家长帮忙，因此父母自己也就不用这样多此一举，但父母的这个问题其实隐藏的作用很大。首先，这是父母主动关心孩子的表现。时刻关注着孩子有没有困难需要帮忙的父母，会让孩子更加真切地感受到父母对自己的爱。

有时候孩子遇到困难，他或许会因为面子原因不肯主动寻求帮助，或者对父母"报喜不报忧"。那么父母的主动作为便会使得孩子感觉是有了一个机会，再加上孩子切切实实地感受到父母的关心，他自然地就会向父母大吐苦水。

父母主动提出帮助，其实也是让孩子感受责任感的表现。父母对孩子说出来的问题，要有判断，不要不管三七二十一都帮孩子包办了，这样的教育方式不利于孩子的成长。家长如果觉得这是孩子自己能够解决的问题，就应该适当地引导孩子，让他认识到这是他自己的责任，他完全有能力去解决，不要让孩子有过分依赖和推卸责任的心思。

四、要术概要：三个问题聊天法

1. **学校有什么好事发生吗？** 孩子需要逐渐学习明辨是非的能力，父母通过问这个问题来判断孩子是如何界定是非好坏的。

2. **今天有什么好收获吗？** 其实这是对孩子当天学习内容的一种回顾和复习，这样能够让孩子无意识地加强对知识的记忆，巩固孩子的学习效果。当然，除知识以外的收获和经历，也将会成为塑造孩子性格的良好推动力。

3. **有什么事需要爸爸妈妈的帮助吗？** 时刻关注着孩子有没有困难需要帮忙解决的父母，会让孩子更加真切地感受到父母对自己的爱。

第 3 节
用好学校资源

锦囊要术：了解关注并留意

一、教师观察

在国家发布"双减"政策（中共中央办公厅和国务院办公厅印发的《关于进一步减轻义务教育阶段学生作业负担校外培训负担的意见》）之前，周末和假期各类的辅导班、补习班可谓风起云涌，家长陪着孩子穿梭于大街小巷，奔向各类的辅导班、补习班。按说，周末、假期是孩子们休整、游玩的好机会，但是，各位家长舍不得让孩子休息，更不能让孩子玩耍，干脆让孩子参加各类的辅导班和补习班。周末、假期的辅导班、补习班，成为孩子的第三，甚至第四学期。

暂且不说参加各类辅导班、补习班的必要性，我们不妨看看一些学校本身具备的学习资源，各位家长是否都用上了，用好了？

说到学校资源，包括的范围很广：有人力资源方面的教师、同学、校友；有教室、图书馆、阅览室、体育场、实验室等资产资源；有教材体系、校本课程资源；有学校的名气、同学的家长资源，有学生社团活动资源等。

这些资源中，有些是无形隐性的，有些是有形显性的，比如各种场馆资源、课程资源和学生社团资源。这些不必占用孩子的课外时间，无须增加其他费用就能人人享用的优质资源，很多家长并不清楚这些隐性或显性资源的存在，更不知道如何才能用上、用好这些学校的资源。

二、家长困惑

为什么要送孩子去补习班，去辅导班？每个人的需求不同。有的家长是因为孩子成绩差，送补习班提高成绩；有的家长是因为孩子成绩好，想加大难度提前学，拉开与其他孩子的距离；有的家长是因为没时间陪伴孩子，与其让孩子在家无所事事不如到学习班上课，多少总比在家无聊好；有的家长是希望孩子能多才多艺，能动静结合，故而艺术和体育兼顾各选一门报班学习；有的家长是因为看到孩子在某些方面真的有兴趣特长，希望孩子能走特长之路，所以去辅导班加以培养和提高……太多的家长都在给孩子报课外补习班、辅导班，所以周末、假期没有学习班的孩子反而成了"特例"。当前国家"双减"政策的出台，正是对教育系统的内卷效应有力的出击和回应。

"双减"政策实施之后，孩子在周末、假期将不能再参加各类学科补习班。家长可能很困惑，孩子成绩差，又不能上补习班，那可怎么办呢？

想提醒的是："双减"政策发布前，大部分家长给孩子报补习班都是出于泛泛的焦虑。如果孩子成绩不理想，家长一定要认真了解孩子的学习情况，通过看练习单、和老师沟通、和孩子聊、一起学习去了解。好比生病了，不能不诊断，听说别人吃什么药治好的，就也吃那个药。家长要认真了解孩子成绩差的原因，只有了解了具体问题，才能进行具体分析。不是报个班就一劳永逸了。

补习多了，作用不一定有，副作用倒是一定有的：占用孩子的大好时间、消耗学习热情、养成依赖性……

三、锦囊支招

学校的课程学习好比是"正餐"，课外的辅导班、补习班犹如"点心"。现在没有了课外"补习班"这道点心，更要让孩子在学校吃好"正餐"。这里向大家介绍如何利用学校本身具备的一些学习资源，用上、用好学校资源，省时、节能、有效地促进孩子的成长。

1. 了解学校设施以及各功能场馆开放的时间

每所学校都有图书馆、阅览室、体育场、实验室等资产资源。一些优质的学校还会有更完善、分类更细化的场所，比如室内球场、足球场、游泳馆、赛车道、小剧院、种植园、数学游戏社、英语绘本馆等。这些场馆是教师上课的功能辅助教室，也是孩子们可以在学校规定时间内使用的学校设施。

比如操场、篮球场、足球场、赛车道等体育运动场所，孩子在晨间、午间、放学后净校前都可以和有相同兴趣爱好的小伙伴在这里相约跑几圈、打一场球、来几场比赛。既不占用课余时间，又增进了同学间的友谊，锻炼了身体，可谓一举多得。

又如图书馆、阅览室、英语绘本馆这些阅读场所，学校的书籍是供全校学生借阅的，学校的藏书量和书目类别一定比家庭藏书要多得多，随着全民阅读的重视和推广，学校图书馆的更新速度也在不断提高。为了激励阅读，图书馆还会对一学期借阅次数多的学生予以喜报表扬，这不正好帮助孩子培养阅读的兴趣和习惯吗？

2. 关注学校公众微信号，及时了解各社团报名的要求和时间

除了国家规定课程的开设和学习，为体现办学理念和特色，各所学校都会利用本校的优质师资给有特长的学生开设各种社团。

以笔者所在的学校为例，就开设了五大少年学院，招收各类有兴趣特长的学生。少年文学院，招收写作兴趣特长生；少年艺学院，招收歌唱、舞蹈、戏剧、绘画等兴趣特长生；少年体学院，招收足球、篮球、体操、武术、游泳、国际象棋、轮滑等兴趣特长生；少年科学院，招收航模、赛车等兴趣特长生；少年新闻学院，招收有采访和写作兴趣特长的学生。

每所学校开设的社团一般都是根据自己学校的办学特色，选择学校最优秀的师资进行指导的，这些社团既为丰富学生的课余生活，也为学校办学品牌做必要的宣传和推广，会由社团老师带领孩子学习、比赛、参加公益演出等，对孩子是很好的锻炼和磨砺。因此，孩子若有自己的兴趣和特长，家长一定不要错过学校的这些社团报名。

社团报名要经过社团指导老师的选拔，且人数都有限定，一般纳新都会在六年级毕业之后，腾出一部分名额，学校会统一组织并公布纳新的时间、人数、要求。家长需要留意学校的微信公众号通知，或者班主任在班级群里的消息，有意向的家长也可以早做准备，与社团指导老师保持联系。

3. 留意家长会、班级群里学校通知的兴趣特长课程抢报时间

如果说学校社团招收的是限定的少数名额，要求既有兴趣又有特长的学生，那学校的兴趣特长课程则是属于面向全校学生开放的兴趣课程。

以笔者所在的学校为例，每周三下午就是全校学生的兴趣课程时间。课程涉及所有学科、各个项目，比如编织、西点制作、摄影、立体手工、刺绣、青泥制作、硬笔书法、软笔书法、朗诵、编程……兴趣课程是根据孩子的兴趣，可以跨班，甚至跨年级组班的课程，孩子根据自己选择的课程需要走班上课。因为孩子比较喜欢，热门的课程也有一定班额的限定，所以家长需要在每学年初学校选课报班之前与孩子做好沟通，并保持一致的意见。兴趣特长课程一般都在学校平台采用网络报名的形式，因为班额有限，网络报名也是拼手速的。

在这里值得提醒的有两点：首先，热门的兴趣特长课程有可能被很快抢完，因此在报名之前，应该有2—3个备选项，这样还有余地选到比较感兴趣的课程，如果没有备选就只能眼看着时间流逝，选最后报名未满、自己

不喜欢的课程了。其次，家长要尊重孩子的意见选择课程，课程选定之后一般是一学年不变的，如果所选的课程是孩子不喜欢、家长强迫或者"动员"孩子选的，我们看到有些孩子坚持不了一学期就想换课，既浪费了孩子的时间，又收不到理想的效果。兴趣特长课程不仅能发现和培养孩子的兴趣，也能丰富孩子的童年课余生活。

四、要术概要：了解关注并留意

1. **了解学校设施以及各功能场馆开放的时间**。每所学校都有图书馆、阅览室、体育场、实验室等资产资源，这些场馆是教师上课的功能辅助教室，也是孩子们可以在学校规定时间内使用的学校设施。

2. **关注学校公众微信号，及时了解各社团报名的要求和时间**。学校社团既为丰富学生的课余生活，也为学校办学品牌做必要的宣传和推广，会由社团老师带领孩子学习、比赛、参加公益演出等，对孩子是很好的锻炼和磨砺。

3. **留意家长会、班级群里学校通知的兴趣特长课程抢报时间**。兴趣特长课程不仅能发现和培养孩子的兴趣，也能丰富孩子的童年课余生活。

第 4 节
借力使力帮助孩子成功

锦囊要术：准备示范给信心

一、教师观察

犹太人说过这样一句话：借别人的鞋子比打赤脚跑得快。在我从教的 25 个年头里，那些能借班级、学校组织的各项各类比赛，发现孩子兴趣，鼓励孩子参与，积极为孩子谋划的家长，就是能借力使力帮助孩子成功的智慧家长。

班级里参加比赛活动多，获奖多的孩子，和总是很被动地参加比赛，或参加了一次比赛没获奖就再也不主动参加的孩子比起来，在学习成绩、做事态度、问题解决能力上都有较大的差异。

首先，为什么要让家长借力使力？面对老师、学校布置的比赛或任务，大部分孩子都是重视的，希望能够努力完成得到老师的赏识和同学的认可。同时，班级、学校之所以要组织一项比赛一定是与学习内容或学习能力有必然的关联性。既然这是一项与学习内容和能力相关的比赛，且孩子也希望尽力完成获得被肯定的感觉，那就是一个非常好的契机，家长一定要借班级、学校所组织的各项比赛活动来促进孩子知识的掌握，能力的提高，以及兴趣的培养。

其次，为什么要帮助孩子成功？在一段 7 分钟的 TED 十大演讲之一《成功才是成功之母，挫折教育不靠谱》的视频里，出身教育世家，并在教育领域工作了 40 多年的教育专家 Rita Pierson 举了很多例子来说明一件事。让孩子成为冠军，哪怕只有一次，哪怕微不足道，哪怕只是一种感觉，哪怕孩子自己都知道这是一种善意的鼓励，但只要孩子有过成为冠军的经历、体验、感觉、记忆，那么，终其一生，他们都会寻找、复制这种感觉，并终将获得想要的成功、成为人生的冠军。

失败不是成功之母，成功才是成功之母！孩子兴趣的培养，习惯的养成，不是从挫折、郁闷中得来的，而是从某一次小小的成就感中得来的。所以，在孩子开始学习、尝试新事物的时候，家长一定要做好准备，让孩子每一次都获得成就感，这才是支撑孩子走下去的动力。如果孩子一开始就受挫，很可能以后就对这件事再也没有兴趣了。

二、家长困惑

对班级中那些不参与或者不重视各项比赛的孩子做深入的了解时会发现，造成孩子这种态度的原因主要有两个：其一是，孩子根本没回家说起比赛一事，家长除了孩子的日常课程学习，也并不关注班级或学校的各项比赛信息。其二是，即便得知了消息，也觉得自己不内行，没时间，孩子把学科知识学好就可以了，这些比赛可有可无，并不是很重要。

家长们殊不知，班级、学校组织的各项比赛有着学习学科知识，平常练习考试无法代替的功能和价值。

1. 塑造参与意识、培养对事务的积极性和主动性

比赛活动重在参与，孩子参与其中，就会为了提高成绩而积极准备，做事态度上主动积极，从而培养孩子做事的积极主动性。

2. 增强竞争意识

比赛就是竞争，通过竞争找到差距，增强竞争意识，找到差距、不足，促进学习。

3. 塑造勇敢的个性，克服恐惧害怕，解放天性

比赛活动是有舞台的，让孩子站在众人中央，面对不同的目光，锻炼勇敢的心理，逐渐战胜内心的恐惧，让孩子的天性在众目睽睽之下得到解放，培养孩子将来敢于面对公众、坦然镇静的成熟心态！

4. 挫折教育的最好方法

对孩子适当进行挫折教育，能加强孩子成人后面对人生挫折的能力。比赛本身就有高低之分，在比赛活动中，发挥失常的或本身水平存在差异的，让孩子正确看待自己的失败。激励孩子勇敢面对失败，重新再来，培养不屈不挠的个性！

5. 学会欣赏，排除嫉妒心理

比赛过程中，要让孩子学会欣赏别人的优秀，技不如人是可以的，但不要嫉妒，内心不要有失落感！培养孩子健康的心性，宽广的胸怀，学习做一个大度、善于理解人的人。

6. 寻找不足，保持发扬优秀的一面

比赛过程，是相互学习交流的过程，即使成绩最好的人也有不足之处，让孩子知道自己的不足之处，知道自己优秀的地方，不足的要改进，优秀的一面要让孩子保持，教育孩子戒骄戒躁。

7. 鼓励与分享，让孩子得到肯定，塑造自信

多次参与比赛活动的孩子，与很少参与的孩子有很大不同，舞台上自信的眼神、镇静的内心、坦然的表情，都是多次锻炼的结果。

三、锦囊支招

我们以每个班级都会举行的竞选班干部这项活动为例，给家长三个具体可操作的建议。

1. 家长别代劳，和孩子一起准备

家长一听说孩子要参加比赛了，都非常重视，希望孩子获得成功。家长的心情可以理解，但是家长一定别代劳。有的家长熬夜做好PPT，甚至花钱请人写演讲稿，明明是一场锻炼孩子自信演讲的活动，搞得非常功利化。对于低年级的同学，竞选班干部的主题也非常简单，无非就是自我介绍、亮明优点。如果连这个内容都是家长代写，孩子的能力是真的不足以胜任班干部的。所以家长和孩子一起准备，前提是按照老师的要求。

有的老师会规定时间，比如1分钟演讲。那么要准备的文字内容就在300字左右，可以包括自我介绍、亮明优点、演讲口号等等。锻炼孩子的口头表达能力，可以先让孩子按照这三个方向说一说，家长帮着再优化一下。尽量用口头表达的方式来做修改，家长代写的文字稿，若不符合低年级学生的表达习惯，会让孩子在演讲的时候，大脑放空。对于高年级的孩子，家长完全可以给孩子一些方向性的竞选演讲建议，加上一些注意事项和竞选经验，其余的就让孩子自己完成。

2. 手把手示范，让孩子扮演老师

老师对于哪个年级段的孩子有什么演讲水平还是比较清楚的。那些看起来很程式化、成人化的演讲，一看就是家长在日常不断训练的结果。虽然让人觉得演讲内容很优秀，但是失去了孩子特有的天真。所以，家长该怎样为孩子做好示范很重要。孩子不明白竞选演讲的风格，家长可以手把手示范，让孩子扮演老师，自己先模仿孩子，做一番演讲。再请孩子判断，自己的演讲是否可以竞选成功。

然后再让孩子来进行模仿，注意演讲时的语气和语调。孩子们一看家长的演讲，就能马上明白竞选班干部时的一些技巧。我们还可以通过网络，搜索一些同龄人的竞选视频，让孩子学习和感受。培养孩子的自信，不是强调必须竞选成功，而是让孩子在参与竞选班干部的活动中，能够超越自己，有一些进步，哪怕是竞选失败，孩子也能感受到通过参加活动，得到了锻炼，自己有了一些进步和成长。这才是家长手把手示范教会孩子竞选演讲的最终目的，帮助孩子积累学习过程中的经验最重要。

3. 给孩子建立自信，竞选流程越熟悉越好

对于高年级的学生，家长要帮助孩子建立自信，一定得督促孩子把竞选稿背熟。孩子在竞选的时候，肯定有点紧张，性格内向的孩子还会忘词，家长要帮助孩子提前预见这些问题，给孩子一些解决方案。在竞选班干部这件事上，家长一定要根据孩子的能力和特征，有的孩子性格开朗大方、积极主动，有的孩子就是比较胆小内向，家长不可强行为了锻炼孩子的胆量让孩子参加。竞选班干部是为了给孩子建立自信，而不是增加不适感和恐惧感。

在准备过程中，家长一定不要着急，哪怕是在一个小问题上，也可反复让孩子练习，多一点时间，多一些耐心，慢慢提高孩子的能力。并对竞选流程熟悉掌握。

四、要术概要：准备示范给信心

1. 一起准备，不代劳。 家长和孩子一起准备，前提是按照老师的要求，家长可以提供一些注意事项和比赛经验，其余的就让孩子自己完成。

2. 手把手示范。 家长可以手把手示范，让孩子扮演老师，自己先模仿孩子，做一番演讲。再请孩子判断，自己的演讲是否可以竞选成功。

3. 给孩子建立自信。 家长要帮助孩子建立自信，一定得督促孩子多加练习，直到非常熟练，这不仅培养了孩子的耐心，也在慢慢提高孩子的能力。

第 5 节
家长应多参与校园活动

锦囊要术：义务必要和余力

一、教师观察

每个学期，学校都会在不同的时间段组织开展一些不同类型的家长活动，比如：班级家长会、家长开放日、家长进课堂、专家讲座等等。

许多家长对此颇有意见，有的家长嘟嘟囔囔地说学校名堂真多，有的家长直接让爷爷奶奶代为参加，有的家长干脆直接以工作忙的理由拒绝出席。

说实话，学校举办高频次的家长活动，有些吃力不讨好。但不管家长们是否捧场，学校依然还是要频繁开展各类家长活动，这是为什么呢？主要是因为：

1. 促进家校沟通

虽说现代互联网通信改变了人与人之间交流的方式，家长们可以通过微信等工具轻松地与老师进行沟通。但这种沟通方式永远无法替代面对面有温度的沟通与交流。学校通过家长活动，可以促进家校之间的有效沟通，增进彼此的了解，加强互信。

2. 传达教育目标

学校在家长会上会对上一个教学阶段进行总结，并解读下一个教学阶段的教学计划。这样便可以让每一个家长了解到孩子在学校里的学习情况，家长会之前你的孩子学到了什么，怎么学的，家长会之后你的孩子又将学习什么，会如何学习。

如：新生入学后本学期的培养重点是什么，教育目标是什么，老师们会通过哪些有效的教学手段去保证教育目标的实现。如果一个家长对孩子在学校里的学习一无所知，那么很难在日常生活中帮助到孩子的学习与成长。

3. 开展家校共育

家庭是学校的重要合作伙伴。应本着尊重、平等、合作的原则，争取家长的理解、支持和主动参与，并积极支持、帮助家长提高教育能力。

也就是说教育部门赋予了学校除了教育孩子之外的另一个任务：教育家长，提升家长的教育能力。所以学校会组织专家讲座，帮助家长树立科学的教育观，懂得如何以科学、合理、规范、有效的举措与学校共同教育好我们的孩子。

孩子在学校的学习如果完全依靠教师的个人能力，仅仅只能实现基本的学习与发展，因为教师的个人能力有限。如果能够综合家长们在各自领域的经验和能力，让家长们走进课堂，那么课程必将精彩纷呈。

比如，把身为医生的家长请进课堂，教会孩子们基本的医学和卫生常识；比如把身为交警的家长请进课堂，教会孩子基本的交通手势和交通规则；比如把身为中学老师的家长请进课堂，让孩子了解中学的生活。这样，不仅使得教学资源充分得到拓展，还能拓宽孩子们的视野，提升孩子们的学习兴趣。

二、家长困惑

教育是一项系统工程，家庭教育、社会教育、学校教育三者必须相互关联且有机结合，才能相互促进和制约，其中家庭教育是一切教育的基础。

老师们经常牺牲下班时间，以加班等形式不遗余力地开展家长活动，但依然还是得不到广泛的理解与支持。那么，如果家长不积极参加学校的家长活动，对孩子会造成什么样的不良影响呢？

1. 对孩子的成长一无所知

我们经常看到一个很尴尬的局面。孩子放学后兴致勃勃地向自己的父母讲述自己在学校里发生的有趣的事情时，家长对孩子话语里出现的不同孩子的名字、其他孩子的爸爸妈妈，甚至不同的老师名字一头雾水，就更别提能够给孩子一个满意的回应了。毕竟很少出席家长活动，对班级里其他的家长和孩子等，完全没印象。

家长会上，老师们会通过不同阶段孩子们照片的对比，来向家长们展示孩子们的成长和改变。还会以视频和图片的形式介绍过去一段时间里学校开展的一些教学活动，以及在此过程中发生的比较有趣的事情。

如果家长不能积极参加，势必将对孩子一段时期的成长一无所知，对孩子在学校里的生活和社交一无所知。在此前提下，家长又如何能教育好自己的孩子呢？毕竟孩子在学校的时间比在家的时间还要长。

2. 打击孩子的自信心和社交能力

小芳爸爸是一个摄影师，这学期儿童节，小芳爸爸给班级和孩子们拍了很多生动的照片，这两天"家长课堂"活动又给班级里的孩子们上了一堂生动的"手机摄影基础"课，班级同学不仅收到了运动会精彩比赛瞬间的美好记录，还学到了有关手机摄影的基础知识。

课程结束后，小芳爸爸一时间成了班级里其他小朋友的偶像，孩子们都羡慕小芳有一个这么厉害的爸爸，都非常愿意跟小芳交朋友。所以那些积极参加家长进课堂活动的家长，他们的孩子明显在同伴面前表现得更自信，也更受欢迎。

3. 无法理解学校的教学安排

如果家长长期不出席家长活动，势必将难以实现真正有效的家校沟通，更难以对学校的教学安排有一个深度了解。

比如学校里安排了家庭小实验作业，有的家长干脆直接帮孩子到网络上复制粘贴，有的家长嫌弃麻烦干脆懒得做，还抱怨学校里事情多。

如果你出席了家长活动，你就会明白，学校里的家庭小实验作业，最核心的目的是让家长感受与孩子共同完成小实验的过程，增进亲子情感交流，培养孩子的观察能力、探究能力。

三、锦囊支招

当孩子进入学校学习，部分家长为孩子支付了相应的教育费用之后，就抱着一种教育是学校的事情、与自己无关的态度。由这种理念所引发的结果就是只关注孩子最终学习的成果回报，比如说期末成绩、得奖次数等等，很少甚至几乎不参与孩子学习的起点和过程中。

造成这种情况的原因众多，除了家长的日常工作比较忙，社会交际比较多，家长的知识结构和知识背景等原因外，更重要的原因还是家长参与学校管理的要求不够迫切，不够主动，对学校的教育抱有太高的期望，只要自己的孩子不出问题就不会主动与老师联系、询问孩子的近况。归根到底，就是家长主动参与的主体性缺失。

家长到底可以参加哪些学校活动，以保持与学校的联系与沟通，以促进家校沟通，形成教育合力呢？

1. 推荐指数★★★★★：有义务参加家校活动

这里的家校活动指每所学校常规必做的家校活动，包括家长会、校园开放日、班级亲子活动日等。这几项家校活动一般一学年或一学期举行一次，是从学校、班级层面阶段性预告、反馈学生在这一学年或这一学期的学习目标要求以及学习收获。推荐指数为★★★★★，说明是必须要参加的，否则家长对孩子的培养教育会因失去阶段性目标而无从下手。

2. 推荐指数★★★★：有必要参加家长课堂

另一种常见的家校共育方式是开办家长课堂，邀请专家做讲座，与家长分享经验。家长也需要成长，每个家庭有不同的特点。学校根据学生年级特征、学业或心理特征，邀请专家针对部分有需求的家庭以"工作坊"的形式开展单次咨询讲座，或多次培训辅导。比如低年级的家长更需要培养孩子好的行为习惯，中年级则需要情感方面的培养，而高年级就会更注重学习能力、综合素养的培养。也有如何管理身高、预防近视、"正面管教"专题习练营、青春期亲子课堂……这种形式的家长课堂并不少见，很多家长也乐于参与并聆听。此外，家长之间亦可通过这种形式分享育儿经验，同年龄段孩子的家长共同语言很多，家长之间的分享会激发更多家长的兴趣。

3. 推荐指数★★★：有余力参加家长义工

家长做学校义工可以让家长参与到学校的教学中，有利于家长更好地理解学校的教育理念和方法，配合学校教育。这里的义工又有不同的分类：

（1）课堂授课类：学校更多关注的是学生的学习成绩和道德品质发展，艺术熏陶相对较少，这是家长的力量可以发挥的领域。比如学校举行文化科技节活动，可以邀请不同领域的专家型家长到学校为学生授课，金融领域的家长可以给孩子上财商专题课，心理学领域的家长上心理辅导课。有专长的可以到学校上课，在医院、博物馆工作的可以在有条件的情况下组织孩子们去参观，让孩子们了解各行各业的情况。

（2）特长支持类：学校举办运动会时，需要家长入场表演；班级参加比赛时，需要家长摄影、配合班主任老师带运动员检录；艺术节时需要家长担任评委……如果家长有一技之长就可以参加学校的这些活动，孩子在看到家长的参与和付出后自然会有一种自豪感和责任感。

（3）活动陪护类：家长可以做学校上放学早晚高峰期的交通疏导、春秋游时的安保陪护等，这类活动对专业和特长没有要求，只要有一份爱心和热心就能为学校和班级出力。

四、要术概要：义务必要和余力

1. 有义务参加家校活动。这里的家校活动指每所学校常规必做的家校活动，包括家长会、校园开放日、班级亲子活动日等。

2. 有必要参加家长课堂。另一种常见的家校共育方式则是开办家长课堂，邀请专家做讲座，与家长分享经验。

3. 有余力参加家长义工。家长做学校义工可以让家长参与到学校的教学中，有利于他们更好地理解学校的教育理念和方法，配合学校教育。

第 6 节
与老师多配合，常联系

锦囊要术：尊重坦诚互支持

一、教师观察

孩子上小学一年级，或是转学，或是换了新老师，家长免不了牵肠挂肚，总是忧虑孩子是否适应了新环境。新老师对孩子的印象和评价怎样？孩子和同学相处得好吗？学习上有什么困难？而孩子在学校里的生活，最清楚的莫过于孩子的老师了。作为家长，该怎么和老师沟通，向老师适当了解孩子的情况并表达自己的意见呢？

一位自认为不善与老师沟通的郑妈妈，就有这样的"烦心事"。她说：儿子开学一个月了，可我还没有和儿子的老师沟通过。虽然我也很想了解儿子在学校的表现，但是，我一直不知道如何开口。国庆前学校开过一次家长会，会后我本来打算和老师交流一下，但是，看到老师特别是班主任被家长们团团围住，我一直插不上嘴便退却了。

从本质上来说，家校联系也好，家长与老师沟通交流也好，目的只有一个，就是更全面地了解孩子学习与发展的实际情况，以取得教育孩子的共识，引导孩子健康成长。

郑妈妈的心情我很理解，因为我既是老师也是家长。个人认为，如果孩子存在较大问题，家长无论如何都要及时和老师沟通，如果是家长自己能解决的普通问题，也就没有必要事事都和老师沟通。不过，如果家长确实想和老师沟通，老师都会乐于和家长交流的。与学校老师的沟通是必需的，只有真实地了解了孩子的在校情况，才能有针对性地寻找到适合自己孩子的教育方式。

二、家长困惑

班级里，往往是那些成绩好、表现突出的孩子的家长和老师的沟通更频繁、流畅，而那些成绩不够好、经常调皮的孩子的家长可能因为不好意思，更少和老师沟通。家长比较困惑的是，到底哪些事情、什么情况，是非常有必要与老师沟通的呢？

1. 在学校有知识不会时

有些孩子天生比较内向，有什么事情也不愿意跟同学或者老师说。特别是在学校，有些知识可能没有其他同学吸收掌握得快，但是又不敢去问老师，怕被老师说，怕被同学笑，回到家里也许会向爸爸妈妈诉说。这个时候，家长就应该及时地把这个情况向老师反映。而相反的，如果孩子在学校，有什么异常，比如说上课不认真听讲、作业不认真完成等，家长要及时地知道这个消息，只有与老师沟通，孩子才能及时纠正。

2. 当孩子有些看法时

孩子对学校里的一些活动，或者班里的事情，或者老师有些看法，不敢向老师或者同学说时，家长也应该及时与老师沟通以便老师知道孩子的状态。

3. 与老师有误会时

有时孩子回家后，会说一些可能引起家长和老师之间误会或冲突的话，孩子也许无意说谎，可能是表达不够清楚，或者只说有利于自己的内容。家长请不要急躁愤怒，最好先打电话给老师或拜访老师，问清楚缘由。其实，大多数的事件在证实之后，通常都是些小事，不必过分在意。

4. 当学校有活动时

如果想更有效地加强与老师的联系，家长就得抽空多参与学校举办的活动，如家长学校讲座、艺术节、读书会、运动会等。这样不仅能和老师保持良好的沟通，对孩子还有示范作用，孩子能感受到你的重视和关注，老师也会认可你的辛勤与配合，会对孩子的成长起到意想不到的助力效果。

三、锦囊支招

如果孩子能在父母与老师之间感受到一种积极良好的关系，那么他们在学校的学习态度就会更积极。实际上主动和老师沟通的家长并不多，虽然学校新生第一次开家长会都把班级里各位老师的手机号码留给家长们，但最后真正给老师打电话的家长还是少数。这里分享家长和老师多配合，常联系的几种方法。

1. 当面沟通效果最好

和老师当面沟通效果最好，有时一次沟通不够，还可以多几次。当然，除了当面沟通，还可辅以打电话、发短信、发微信、QQ留言等其他沟通方式。

上午最好不要去学校与老师沟通。下午老师没课时可以去谈谈，以不超过15分钟为宜。一学期可以和老师谈4—5次。其次，家长可以把要和老师沟通的话写在孩子的作业本上，或者信息留言。最后，可以多和老师电话交流，上班时间最好不要打，老师上课接不到电话，可以中餐之后、午休之前、放学之后打电话。

与老师当面沟通的态度是关键，想要得到别人的尊重，就要先学会尊重别人，只要家长的态度和悦，相信老师都会乐意帮助家长解决问题。

2. 主动沟通更容易建立彼此信任支持关系

作为家长平常可以多主动跟老师聊聊，在聊天时可以多跟老师分享孩子在家的点滴，老师不仅能感受到家长的喜悦，同时也能感受到家长对老师的敬重，老师也会很有成就感。

平时家长不妨隔一两个月和老师沟通一下，打电话或当面沟通都可以。不过，和老师交流时要注意有话则长，无话则短。

3. 预约时间、内容，让沟通有的放矢

不只是老师要了解家长和孩子的个性，家长也要知道老师的习惯。不应都由老师来迎合家长，有时家长也要主动表示关心，了解老师的教育模式跟处理事情的方式，才能好好地配合老师。

一般情况下，最好先和老师预约一下时间（突发事件例外），并大概说明一下沟通内容，做到有的放矢。

4. 全面沟通，不只是注重学业

交流时还可以了解孩子在校的综合表现，如学习态度、体育锻炼、参加活动情况等等，也可以把孩子在家的表现反馈给老师。但不要把孩子的学习成绩作为沟通的唯一内容。家长在与教师的交流过程中，往往过分关注孩子的学习成绩，而忽视了孩子的心理，这样容易造成对孩子教育的偏差。对教育教学有什么意见、建议也可以及时反馈给老师。

5. 积极参与学校的活动更方便与老师保持随时沟通

学校经常组织活动，其中也有需要家长参与配合的。有条件的话，家长一定要积极参加。学校举办的各项家校活动为家长了解孩子、家校沟通、家长相互交流提供了更多的机会，家长一定要好好把握。

四、要术概要：尊重坦诚互支持

1. 尊重为关键。与老师当面沟通，一学期保持 4—5 次主动沟通是最为有效的，与老师当面沟通的态度是关键，想要得到别人的尊重，就要先学会尊重别人，只要家长的态度和悦，相信老师都会乐意帮助家长解决问题。

2. 坦诚是重点。一般情况下，最好先和老师预约一下时间（突发事件例外），并大概说明一下沟通内容，做到有的放矢。交流时还可以了解孩子在校的综合表现，如学习态度、体育锻炼、参加活动情况等等，也可以把孩子在家的表现如实地反馈给老师。

3. 支持最有效。学校经常组织活动，其中也有需要家长参与配合的。如果有条件的话，家长一定要积极参加。学校举办的各项家校活动为家长了解孩子、家校沟通、家长相互交流提供了更多的机会，家长一定要好好把握。

第六章 亲子陪伴术

一切教育都是从我们对儿童天性的理解开始的。

——(印度)泰戈尔

谁也不能否认父母对自己孩子的爱是天底下最伟大、最无私的爱。只是,父母对孩子爱的表达方式是否为孩子所接受?父母苦于不被孩子理解,可自己又是否真正理解孩子呢?父母教育孩子的过程,其实也是自身不断感悟和学习的过程。泰戈尔说:"一切教育都是从我们对儿童天性的理解开始的。"所以,当父母的不妨低下头、弯下腰,认真倾听孩子的心声,试着了解自己的孩子。

第1节
每个孩子都是宝藏

锦囊要术：找到亮点多鼓励

一、教师观察

有个孩子，学习成绩不好，每天奇思妙想，不着边际，动手能力也不强，手工课上，其他孩子早就心灵手巧地完成了作业，这个孩子却不能正常地、独立地完成一件作品。

请问，您若作为他的父母做何感想？

抱怨、唠叨、放弃、自卑还是耐心鼓励，期待奇迹？

您或许不能立刻抉择。但我告诉您，这孩子叫爱因斯坦。

还有一个孩子，上小学时算术、读书、写字等课程没有一样能学好，甚至连字母也拼得乱七八糟。每天不仅不按时完成作业，反而在作业本上乱涂乱画，老师头疼得经常请家长。

这种典型的问题孩子，您作为他的家长做何感想？

继续告诉您，这个孩子叫毕加索。

很显然，诸多"好孩子"都被家长和老师喜欢和认同。但诸如爱因斯坦和毕加索之流为何成为后来的伟大之人呢？

来自家长。

童年时代的爱因斯坦性格怪异孤僻，喜欢独来独往，时常故意躲开小伙伴和同学，就是同亲人在一起也非常沉默。很多人都对他指指点点，唯独他的母亲一直在旁边默默支持和鼓励他。

爱因斯坦时常独自一人坐在河边凝视河面。估计当今家长就要手足无措、六神无主了：我家孩子抑郁了吧？一早就送到医院诊治了。

可爱因斯坦的母亲却十分自信地认为：我的孩子没有任何毛病，他不是在发呆，而是在沉思。他将来一定是位了不起的大学教授。

毕加索有一位能欣赏他、鼓励他并帮助他挖掘特长的父亲。他的父亲是美术教师，毕加索便耳濡目染地也喜爱上了画画。他经常站在父亲身后，看父亲用画笔将五颜六色的颜料涂抹到画布上。父亲手中的画笔，给毕加索留下了童年的印记，从而影响了他的一生。

由此，我们可知父母的力量有多大。

每个孩子都是天才，也都有成为伟人的机会。但绝大多数人被"糊涂"的父母，一天一天、一点一点将天分磨灭。

二、家长困惑

很多家长在和孩子互动的过程中会有很多冲突，主要的冲突就是因为功课的问题。家长会有一个错误的认知，认为读书就是为了升学，将来找到好工作，有好的待遇。可是对一个孩子来说，读书好将来能够找到好工作这个动机离他太遥远了。

心理学家和教育学家发现，家长应该优先帮助孩子发展他的强势领域而不是弱势领域。家长如果帮助孩子先把一个强势领域做好，孩子的自信心、荣誉感树立起来了，他就会因为之前被鼓励了而把其他比较弱势的领域补上来。不是只有十项全能的孩子才是好孩子，每个孩子都有各自的天分和人生。

父母如何发现自己孩子的潜能呢？我们先来了解八大智能：

"多元智能理论"（简称 MI），是由美国哈佛大学霍华德·加德纳教授所提出的。加德纳教授提出人类的智能是多元化的，每一个人都拥有包含语言智能、音乐智能、数理逻辑智能、视觉空间智能、肢体动觉智能、人际沟通智能、个人内省智能、自然观察智能在内的八种智能。大多数人都可以在加德纳多元智能理论的内涵中，找寻到自己的长处。

第一，**语言智能**。父母要注意孩子是否喜欢读书、写作，喜欢朗诵，喜欢一些关于文字的游戏，猜谜语、读外语、讲故事等。

第二，**音乐智能**。父母要留意孩子是不是喜欢唱歌跳舞，弹奏乐器，听音乐会。有的孩子听觉特别发达，表现出对音准和声音变化的高度敏感，并能迅速而准确地模仿声调、节奏和旋律，这些都反映出一定的音乐智能。

第三，**数理逻辑智能**。父母要了解孩子是否喜欢计算，容易理解数字、数学的概念，对科学感兴趣。具体地说，孩子是否表现出喜欢猜谜、出谜、解难题、喜欢计算机、喜欢编造密码和科学实验等特点。

第四，**视觉空间智能**。这就要看孩子是否喜欢画画，喜欢设计，喜欢建筑，具有想象力。

第五，肢体动觉智能。 父母要了解孩子在身体协调方面的能力。比如，他的动作是否灵活，是不是善于运动、跳舞、用自己的身体来表达情绪，或者喜欢手工、喜欢制作模型、喜欢修理各种器具。

排球明星郎平的老师，讲过郎平童年的一些故事："郎平学习一般，特别喜欢爬树、爬墙，是非常好动的女生。"可见，郎平的成功也在于选择了适合她发展的人生道路。

第六，人际沟通智能。 父母要注意孩子是否善于与别人打交道，是否善于组织管理等。

第七，个人内省智能。 了解自己的特点，对自己的优点、缺点有自知之明，喜欢写日记，喜欢制订自己的目标，这样的孩子表现出的就是自我认知的智能优势。

第八，自然观察智能。 有自然观察智能的孩子善于观察周围世界，喜欢分辨动植物，喜欢养宠物，对环保、生态感兴趣。

达尔文在少年时代就整天在大自然中玩耍，正是在大自然中认识了各种各样的昆虫，并因此对小虫子产生了浓厚兴趣。后来，这种兴趣变成了他的执着追求，并引领他成为一个伟大的划时代的生物学家。

这八大智能，如果有一项或者两项是孩子比较突出的，将来他就可以立足于这个社会。如果我们观察到孩子在某一个领域特别强，就鼓励孩子朝这个方向努力，将来必有非凡的成就。

三、锦囊支招

负责任的父母，首先需要了解自己孩子的智能特点，并基于孩子的优势智能加以引导，从而挖掘出孩子身上的无限潜能。在家庭教育中，发现孩子的智能特点、选择适当的发展方向，是十分重要的。

1. 根据多元智能理论，发现孩子的亮点。 我们要发现并不断地放大这个亮点，让我们的孩子也闪闪发光。

世界上哪有那么多学霸、神童，大部分是普普通通的孩子，家长不要一味地只追求孩子学业上的成就，另辟蹊径，孩子也会有不一样的人生。有的孩子在艺术上有天赋、有的孩子在体育上有特长，有的孩子喜欢创造，我们要及时发现孩子的这些亮点加以培养，给孩子一个别样的人生。

2. 适度地鼓励孩子，帮孩子树立自信心。 孩子需要适度的肯定与表扬，让孩子感受到成人对他的爱和欣赏，使孩子受到鼓舞不断进步，并且悦纳自己。不论是老师还是家长，对于年幼的孩子，都应该蹲下来观察，发现孩子身上独特的能力和特点，给予适宜的表扬和肯定。家长和老师的赞美应该让孩子看到自己的进步。这样可以帮孩子树立自信心，形成健康的人格。

3. 不要总拿自己的孩子，和别人家的孩子比较。 家长总是喜欢将"某某家的孩子怎样怎样"挂在嘴上，其实各家有各家的苦，别人家的家长也有自己的烦恼，不要总拿自己的孩子和别人家的孩子进行比较，虽然家长比较的目的是给自己家的孩子一个奋斗和努力的目标，但事实上，这样做不仅难以起到一种激励的作用，还会挫伤孩子的自尊心、上进心，甚至影响孩子对父母的信任度，导致孩子对父母冷漠化。

不要拿自己的孩子和别人做比较，每个孩子都会在各自的时间里闪耀光芒，每个孩子都是独一无二的。

四、要术概要：找到亮点多鼓励

1. 根据多元智能理论，发现孩子的亮点。 我们要发现并不断地放大这个亮点，让我们的孩子也闪闪发光。

2. 适度地鼓励孩子，帮孩子树立自信心。 孩子需要适度的肯定与表扬，让孩子感受到成人对他们的爱和欣赏，使孩子受到鼓舞不断进步，并且悦纳自己。

3. 不要总拿自己的孩子，和别人家的孩子比较。 每个孩子都会在各自的时间里闪耀光芒，每个孩子都是独一无二的。

第 2 节
关注每个年龄段的成长"关键期"

锦囊要术：习惯、能力与梦想

一、教师观察

现代社会，父母非常关注孩子的成长教育，都希望把孩子教育成自己所期望的样子，但并非每个孩子都会朝着父母期待的方向成长。家长在孩子身上投入很多时间、精力以及金钱，那为什么孩子并不如我们所愿呢？答案其实很简单，就是家长不了解孩子。

这就好比一个农民，不了解农作物的生长规律而种地，当不了好农民。同样，不了解孩子的成长规律，也当不了好父母。所以说，要教育好孩子首先要了解孩子，要了解孩子的成长规律。

20 世纪 30 年代奥地利动物学家洛伦兹在动物的心理实验中发现，在动物早期的发育过程中，动物的某一反应或某一组反应在某一特定时期或阶段中最容易获得。如果错过这一时期或阶段，就不容易出现这种反应。这个关键的"时机"就叫"关键期"。当把动物实验引申到早期儿童发展教育研究中时，现代科学家发现，人的智力、能力、习惯的发展中，"关键期"同样存在而且起着重要的作用。有人也把它称为"敏感期"，是指个体在成长过程中有一段特殊的时期，其成熟程度最适宜于学习某种行为。

有两个事例证明了这一点。案例一，"狼孩"卡玛拉姐妹在狼的抚养下长大，被带回到人类社会时，姐姐约 8 岁，妹妹约 1 岁半。科学家们想尽各种办法，仍然无法让她们改掉狼的生活习性。妹妹虽然在两个月后说出了"不"字，但一年后就死去了。姐姐经过 3 年的培训才能用脚走路，直到 17 岁时死去，智商也只有 3 岁半孩子的水平，只能讲 45 个单词。案例二，日本士兵横井庄一在第二次世界大战时迷失在东南亚大森林，像野人一样生活了 28 年，完全遗忘了人的习惯和语言。但是，获救后仅仅通过 28 天的训练，他就完全恢复了人的习惯，重新适应了人类生活。

这两个案例从两个方面说明了关键期的重要性。前者表明，在关键期，一个人正常的发展一旦受阻，将会对其以后的发展产生障碍，这种障碍有时是很难甚至不可弥补的；后者则表明，只要不错过受教育的"关键期"，日后的发展中即使出现障碍，也会很快克服困难并恢复正常。总的来说，成长的关键黄金期，会对人一生的发展产生重要影响。

二、家长困惑

老师和家长在教育孩子的过程中，都有这样的体验，孩子在成长中，有几个特殊的年龄段，处在这几个特殊年龄段的孩子问题特别多，特别令老师和家长头疼。主要是以下阶段：

1—3岁的孩子。这个年龄段的孩子大多有任性、发脾气、不愿上幼儿园、胆小、多动等问题。

6—7岁（一年级）的孩子。这个年龄段的孩子常见的问题是，不适应学校生活，上课坐不住，爱做小动作等。

8—9岁（三年级）的孩子。这个年龄段的孩子学习障碍问题最突出，一些早期表现出注意力不集中的孩子，到了这个阶段，他们的学习成绩开始下降，不守纪律，经常迟到甚至逃学，上课故意捣乱，不认真写作业。

11—12岁的孩子。8—9岁时存在问题的孩子，到了这个年龄段，学习开始跟不上，流露出厌学情绪，出现迷恋网络、打架、逃学问题。

13—18岁的孩子。这个年龄段的孩子开始进入青春期，这个时期是孩子各种心理问题的高发期，除了以前表现出的学习问题外，又开始出现和老师、家长对抗的现象。

我们把上面的这些问题串起来去研究，会发现一个很有意思的现象，那就是，我们的孩子如果在某一个阶段的问题没有解决，将会遗留到下一个阶段，这样一来，随着孩子年龄的增长，他们的问题会越积越多，养成习惯就会积重难返，最后极有可能出现孩子放弃学业、离家出走、早恋、网瘾、处理问题极端、人格偏执等问题。到那时候，家长后悔晚矣。因此，老师和家长要做到防患于未然，就很有必要了解孩子的成长规律，尤其是成长的几个关键期，科学教育孩子。

三、锦囊支招

孩子的成长有三个关键期，第一个关键期在0—3岁，这既是父母对孩子的情感投资期，又是孩子人脑发育的重要阶段。第二个关键期在3—6岁。这段时间是孩子智力、生活自理能力及性格的发展关键期。第三个关键期在6—12岁，这段时间是孩子的青春发育、学习习惯培养和独立生活能力形成等的关键期，也是孩子梦想、人格塑造起步的关键期。在小学六年的成长关键期，家长最需要关注的有以下几件事情：

1. 培养学习的习惯

从一年级开始，家长就应该注重培养孩子完成家庭作业的习惯和保持正确的坐姿等。孩子放学回家，如果肚子饿了，家长可以先让孩子吃点东西，然后辅导孩子认真完成家庭作业，包括复习和预习功课。坐姿的正确与否，不仅影响孩子的健康，也会影响孩子的形象，很多人年纪轻轻就成了近视眼或是驼背。在这方面，家长坚持三年，就会给孩子带来一生的幸福。

2. 训练生活的能力

说到孩子的独立生活能力，3—6岁的孩子已经养成了像穿衣、吃饭之类的基本生活习惯。6—12岁，父母要教会孩子使用闹钟，让孩子自己管理时间，形成时间观念，这是人生最为重要的观念之一。家长要教育孩子出入遵守交通规则，不能在路上嬉戏打闹，不能和同学等斗气打架。因为注重安全是人生的第一要务。

3. 激励成长的梦想

在这一时期，家长要注重孩子梦想的培育与发展。一个没有梦想的孩子，不仅睁不开眼睛，看不到希望，而且常常情绪低落，没有活力，没有斗志。一个没有梦想的孩子，无法看到自己追求的中心，总是心无定力，见异思迁，学业无成。

从心理学的角度看，家庭教育对孩子的一生起着关键作用。教育的"关键期"也叫教育的关键年龄、最佳年龄、敏感期，是指人生学习的最佳时期。在这个年龄段发展各种智力、能力，成效最大。关键期对人的成长来说，如同炼钢工人掌握火候一样，错过出炉的温度的钢铁就是废钢，关键期就是最重要的温度。幼小的孩子像熔化了的铁水，可以浇铸成各式各样的形状；等孩子长大了，就像冷却了的铁水变成了一块铁砣，再改变可就困难了。所以，家长一定要抓住孩子成长的关键期，用科学的教养方式陪伴孩子渡过成长的关键期。

四、要术概要：习惯、能力与梦想

1. **培养学习的习惯。**从一年级开始，家长就应该注意学习习惯的培养，在这方面，家长坚持三年，就会给孩子带来一生的幸福。

2. **训练生活的能力。**培养孩子的独立生活能力，是人生的第一要务。

3. **激励成长的梦想。**在这一时期，家长要注重孩子梦想的培育与发展。一个没有梦想的孩子，无法看到自己追求的中心，总是心无定力，见异思迁，学业无成。

第 3 节
不要忽视变化后面藏着的信息

锦囊要术：睡眠、营养加运动

一、教师观察

寒暑假期间，总会看到医院的小儿眼科患者激增的现象。叫人揪心的是，部分家长找到医生时往往惊讶道："小小年纪怎么突然近视了？"直到测了视力，才发现孩子已经近视很久了，自己却没发现！

小小年纪近视，不是突发事件，更多的在于家长的疏忽。就像有位孩子的妈妈说的那样，"大人忙没注意，最近发现孩子看东西总要凑很近，有次在路上还认错人，才赶紧带孩子来医院……"

家长要及时警惕孩子成长过程中出现的各种变化，每一个变化后面都可能藏着需要及时关注的信息，一定要注意平时多观察孩子。

比如，当孩子出现胃口变大，吃饭香，一顿的饭量甚至与成年人的差不多时，代表孩子的新陈代谢正在高速进行，身体很快也会长高。这一点变化已经很明显了，但不是所有家长都能明白。曾经有一位家长还认为孩子饭量变大是甲亢的症状，于是乎反而故意控制孩子的进食，耽误了孩子身体的正常发育，实在是太可惜了。

又比如，女孩子突然变害羞了，不愿意穿裙子，总跟男孩子有意识地保持距离，预示着孩子进入青春期了，在生理和心理上都发生了一些微妙的变化。家长就要及时地加以关注和引导，让孩子有正确的认识，顺利进入青春期。

除了身体上的变化，变化也有可能是成绩突然下滑，突然间不愿去学校了，或者原本开朗的孩子突然变内向沉默，甚至胆小了……这些现象的背后，都可能藏着需要家长解决的问题，家长一定不能马虎大意。

二、家长困惑

上小学之后，家长的注意力大部分集中在孩子的学业表现上。对于孩子的健康，家长自然是关心的，但传统观念认为"健康就是身体无病"。实际上，这一传统健康观是既消极又不全面的。现代生活中的健康，家长应高度重视孩子疾病的防治。

1. 要高度重视近视眼的防治

为有效预防，建议一学期带孩子做两次视力检测。发现孩子近视，要尽早到医院检查、治疗。近视按度数分，300度以下为轻度，300—600度为中度，600度以上为重度。如果孩子患了近视，会影响将来的专业选择。

2. 要注意孩子龋齿的防治

孩子乳牙换恒牙一般从6岁开始，到12岁左右应长出恒牙28颗。若在孩子恒牙刚出现时没有采取预防措施，就可能出现龋齿。千万别小看龋齿，孩子长了龋齿后，不仅会因牙痛影响学习，还会影响食欲，甚至引发一些疾病。

3. 要重视慢性鼻炎等病的治疗

慢性鼻炎、副鼻窦炎、扁桃体炎等疾病，一般都是孩子感冒后发现的。孩子并不因此发烧、影响食欲，更不妨碍他们玩，很容易被家长忽略。可这些小毛病不仅会严重影响孩子的学习，还会是埋在孩子身上的"定时炸弹"，会在孩子的免疫力、抵抗力降低时，引发肺炎、心肌炎、肾炎等严重疾病。家长千万不要因为工作忙，顾不上带孩子去看病，也不要因为慢性病治疗时间长就失去耐心。

4. 要重视儿童肥胖问题

城市儿童单纯性肥胖症近几年成倍增加，儿童肥胖对孩子学习的影响也很大。因为过重的身体负担，身体其他部位不可能不与大脑争夺供血和供氧。还要留意孩子的情感变化，如果儿童觉得被父母忽视并由此产生了孤独感，也会引起他们过量饮食。超重儿童往往自尊心受挫且自我否定，而自我肯定有助于减肥。

5. 要注意孩子脊椎病及矮小病的防治

小学阶段，孩子的骨骼发育还不完善，很容易发生脊柱弯曲异常。脊柱弯曲异常不仅会影响孩子的体态和体力，也会影响孩子的身心健康。

这个时期也是补救孩子身材偏矮的关键时期。如果孩子的身高与同龄人平均身高相差在±2个标准差之内，还属正常身高。低于2个标准差以上，就是身材偏矮了。导致身材偏矮的原因有很多，要注意的是，补救措施有一定的时间性，必须在青春前期，即女孩有月经、男孩有遗精之前。

6. 要注意孩子青春前期的到来

孩子在10—13岁处于青春前期。这个时期，是他们身体发育的第二次加快期。男女生之间开始有了明显的性别意识。

父母要特别注意孩子在这个年龄段的营养补充。这个阶段的孩子要适当补一点钙、铁、锌。缺铁非但会引起贫血，还会影响心理和智力的发育，使学习能力下降，行为改变，抗感染能力下降。

7. 要警惕"现代病"侵袭孩子

手机，儿童不宜持有。英国布里斯托尔大学完成的一项研究表明，使用GSM手机的10—11岁儿童，反应能力大大降低。瑞典科学家研究发现，5—10岁期间使用过手机或者无绳电话的人，20—29岁时得大脑肿瘤的风险会增大。

儿童铅中毒问题严重。铅中毒早期的症状为：食欲减退、恶心、呕吐、腹泻、消化不良等，同时伴有烦躁不安、倦怠、懒动、嗜睡等。较大的儿童还会出现智力障碍，或举止由聪敏转为呆滞，注意力不集中，理解力低下等。由于铅中毒具有累积性，凡是血铅检测结果不为零者，都应该接受驱铅治疗。要注意培养孩子良好的生活习惯，比如勤洗手、勤剪指甲、不啃咬玩具或指甲，不在大街上停留过久，不吃路边烧烤，不吃爆米花、松花蛋等食品。

三、锦囊支招

家长要培育自己的孩子成人成才，第一件大事是要让孩子能够健康地长大。因为，只有孩子身体健康，他才能正常完成学习任务，掌握必要的科学知识，为长大后参加工作打好基础。因此，家长的第一要务就是要全方位关注孩子的健康成长。

1. 必须保证孩子的睡眠时间

小学生在不同年龄段对睡眠时间有不同需求，7岁儿童约需睡眠11小时，10岁儿童约需10小时，12岁儿童需9—10小时。很多孩子睡眠不足，已严重影响了学习，这个情况却常常不被父母所重视。有的是大人晚上事情多需要晚睡，没安排孩子先睡；有的是想让孩子早睡，孩子不肯，也就同意了；有的是孩子的确作业多，或做作业太慢，家长没有想办法解决……结果，孩子日复一日越来越缺觉，大脑总是处在疲劳状态，学习效率和质量就很难保证了。

2. 全面的营养供给与吸收

小学阶段孩子的身体发育很快，学习负担也很重，缺乏营养是不行的。一

些孩子学习成绩不好,原因正在于饮食不科学,营养不均衡。按专家的意见,孩子每天的食物结构应按如下比例安排:

食物品种	食物量
主粮(米、面)	200—300 克
杂粮(豆类)	50—100 克
蔬菜	300—400 克
水果	50—100 克
奶及奶制品	200—300 毫升
动物类(肉、鱼、蛋)	100—200 克
油、脂肪、糖	适量
盐	不超过 8 克

一日三餐要定时、定量,热量的分配应当是:早餐 30%;午餐 40%;晚餐 30%。这里要特别提示家长注意的问题是:一定要让孩子吃好早餐。要认真纠正孩子不良的饮食习惯。儿童最好的饮料是白开水,不宜以各种饮料代替白开水。儿童新陈代谢比成人快,对水的需求量也比成人大。另外,儿童不可随便乱吃补品,否则会诱发儿童性早熟。

3. 一定要重视孩子的体育锻炼

虽然,在学校里有体育课等运动机会,但对于一个 7—12 岁的孩子来说,还是很不够的。孩子除需要参加学校组织的体育锻炼外,还需要一些自主的运动。所以每天放学后,不要马上让孩子做功课,要让孩子先运动,放松一下。这样,他会带着愉快的心情进入学习。有些孩子因为怕苦、怕累,不愿意参加体育活动,这会影响他们的身体发育。家长应鼓励他们积极参加各种体育活动,特别是课间一定要到操场上去玩。

四、要术概要:睡眠、营养加运动

1. 必须保证孩子的睡眠时间。 小学生在不同年龄段对睡眠时间有不同需求,7 岁儿童约需睡眠 11 小时,10 岁儿童约需 10 小时,12 岁儿童需 9—10 小时。

2. 全面的营养供给与吸收。 小学阶段孩子的身体发育很快,学习负担也很重，缺乏营养是不行的。一些孩子学习成绩不好，原因正在于饮食不科学，营养不均衡。

3. 一定要重视孩子的体育锻炼。虽然，在学校里有体育课等运动机会，但对于一个 7—12 岁的孩子来说，还是很不够的。孩子除需要参加学校组织的体育锻炼外，还需要一些自主的运动。

第 4 节
以身作则，无须唠叨吼叫

锦囊要术：规矩榜样担后果

一、教师观察

在孩子的成长过程中，总会有那么一段时间格外的调皮，让父母感到非常恼火。具体表现为不听话，顶嘴，使小性子。

怎么说都不听，很多家长在遇到孩子这一类情况时，似乎除了唠叨吼叫就再也找不到别的解决方法。唠叨吼叫或许能够起到一时的作用，但终究治标不治本，唠叨让孩子觉得很烦躁，吼叫只能一时地吓唬住孩子，但是孩子并不能明白自己的错误，下次还是会犯同样的问题。

做了二十几年的老师，遇到过很多这样的情况，其实很多家长都不愿意冲孩子唠叨吼叫，但很多家长没有办法，他们不明白孩子为什么越来越不听话了。其实人的大脑有个特性，对习惯性的东西常常视而不见，听而不闻。

比如，当父母第一次大声责骂孩子时，孩子"如你所愿"能被吓哭，但是次数多了后，他就习惯了，每次被骂的时候注意力都是游离的，他根本没有在听，当然也起不到教育的作用。

很多男孩子的家长都跟我聊到，自己的儿子非常调皮，不让他干什么偏要去干，整天就和家长对着干，自己几乎从早吼到晚，但是一点作用都没有，孩子照样无动于衷，真是一点办法都没有了。其实吼孩子的坏处是很多家长都不知道的：第一，孩子容易敏感，性格也会随之暴躁；其二，家长更容易形成习惯，大事小事都吼，没有一个好心态。

二、家长困惑

随着孩子长大，家长的耐心变得越来越有限，常常陷入对孩子教育的沮丧，为了教育孩子，有家长会经常对孩子大喊大叫。而且，在一些家长的观念中，家长要高高在上，树立家长的权威，这样才能对孩子严加管教。然而，大喊大叫通常会让孩子出现三个性格缺陷。

1. 孩子会养成易暴习惯，产生逆反心理

经常被父母吼骂的孩子，也会受到父母的影响，觉得吼骂就能解决问题，长此以往，孩子就会习惯这种处事的方式。等到孩子学会时，就会和父母作对，并且孩子也很容易形成暴脾气，产生逆反心理，有时候跟父母发生争执时，还会离家出走。如果孩子一个人离家出走，万一孩子在外遇到什么危险都是我们不可控制的，所以父母平时尽量不要吼骂孩子。

2. 胆小怕事，性格懦弱

也并不是所有的孩子被父母吼骂以后都会变成暴脾气，这跟孩子的性格也有很大的关系，如果孩子是比较内向的，经常被父母吼骂的话，这样的孩子就很容易被父母吓到，以后可能变得胆小怕事，做什么事情都唯唯诺诺。

如果孩子养成习惯，长大以后在社会上也是很容易吃亏的，什么都不敢争取，做事前怕狼后怕虎的，这样的孩子又怎么能做大事呢？

3. 让孩子缺乏安全感，产生自卑的心理

只要孩子稍微不合父母的意，父母就吼骂孩子，这样会让孩子极度缺乏安全感，觉得父母不爱自己，从而产生自卑心理。所以平时父母不要急着吼骂孩子，要让孩子有解释的时间，不要上来就劈头盖脸地一顿臭骂，这样解决不了问题，还会影响孩子的身心健康。

三、锦囊支招

1. 立下规矩

父母与孩子事先商议好，达成清晰的规矩，比如每天看电视时间有多长、几点钟睡觉、允许吃几块糖等等。要让孩子明白规矩必须去遵从，规矩不随自己的态度而改变。规矩不能过多、太过琐碎，也不要有太多变化。孩子的记忆容量很有限，规矩需要一次次地重复、一次次地强化而逐渐变成生活方式的一部分。

2. 以身作则

在"立规矩"这件事上，真正要改变的不是孩子，而是没有做好榜样的父母。孩子的所有问题，百分之百是父母的问题。家庭是复印机，父母是原件，孩子是复印件。如果复印件出了问题，我们一定要追根溯源从原件上找

问题。

要让孩子知道，大人在规矩面前绝对说话算数，以身作则，这样孩子才能记得住，做得好。孩子本就是张白纸，看的就是父母如何作画，父母示范得越好，孩子成长得越好。

3. 承担后果

当孩子磨蹭拖拉时，家长不要反复催促，让他去承担后果，让他感受做错事情带来的自然后果。体验，让孩子印象深刻，甚至终生难忘，远比说教更有力量。具体的做法是这样的——

第一步：确认无危险，不影响他人

使用自然后果教育法之前，需要确认孩子的行为对他自己没有危险，我们显然不能让孩子自己去体验玩火、横穿马路的后果。

此外，也要确保孩子的行为不影响他人，例如孩子在电影院里大声喧哗，我们应及时制止。

第二步：提前约定，不突然改变

如果你一直帮孩子做着各种善后工作，当你决心改变自己的做法，让孩子承担后果，一定要和孩子提前约定，说明你这么做的理由。

不然，当孩子承担后果时，他不会反思自己，反倒会责怪家长。

第三步：保持坚定，不出手解救

当孩子即将承担自己行为带来的后果时，通常会使尽浑身解数，迫使家长让步。他真的想听你说："算了算了，下次一定要记得哦！"即使我们很坚定，他还会转而求助外公外婆……

如果孩子成功地迫使家长让步，他非但无法吸取教训，反倒看出家长的原则可以松动，学会了"看人下菜碟"。所以，我们要保持坚定，步调一致。

第四步：表达同情，不借题发挥

孩子体验自己行为带来的后果时，往往是内疚、沮丧的。

此时一定不要说："你看，我早就告诉你了，你就是不听！"

也不要急着询问："快说说，你这次学到了什么？"

请相信孩子的反思能力，他们完全有能力从错误中学习。我们要做的是对他的遭遇表达同情。

为什么用自然后果法呢？因为家长一次次出手解救，会剥夺了孩子从错误中学习的机会，最终让他们为"小毛病"付出了"大代价"。为了孩子不吃这样的苦，我们需要鼓起勇气，坚定态度，让孩子现在承担行为后果。

四、要术概要：规矩榜样担后果

1. 立下规矩。父母与孩子事先商议好，而达成清晰的规矩，孩子的记忆容量很有限，规矩需要一次次地重复、一次次地强化而逐渐变成生活方式的一部分。

2. 以身作则。在"立规矩"这件事上，真正要改变的不是孩子，而是没有做好榜样的家长。要让孩子知道，大人在规矩面前绝对说话算数，以身作则，这样他才能记得住，做得好。

3. 承担后果。当孩子磨蹭拖拉时，家长不要反复催促，让他去承担后果，让他感受做错事情带来的自然后果。体验，让孩子印象深刻，甚至终生难忘，远比说教更有力量。

第 5 节
纠正不良习惯需要持之以恒

锦囊要术：适当了解加耐心

一、教师观察

为积极应对人口老龄化，我国出台重大政策举措——三孩生育政策。但就目前而言，大部分家庭以独生子女为多。独生子女家庭，存在的问题很多。根据调查，在行为习惯方面，孩子主要存在着"十小"问题。

第一，"小霸王"。不少孩子在家里特别霸道，过去在家里说话最有权威的是家长，现在，不少家里说话最顶用的是孩子，有的孩子甚至达到"说一不二"的程度。

第二，"小懒虫"。不少孩子在家里不干活，不爱劳动；怕脏、怕累；不珍惜他人的劳动成果。调查发现孩子每日的平均劳动时间仅 11.32 分钟，我国城市儿童平均每天的劳动时间远远低于其他国家的孩子。

第三，"小馋猫"。不少孩子一看到电视广告有什么好吃的就非得吃到嘴里不可，家长也舍得给买。现在，不少孩子厌食、偏食，其主要原因是平时零食吃太多了，到正经吃饭时，当然不爱吃了。

第四，"小犟牛"。不少孩子一犯起牛脾气来，十匹马都拉不动。一不高兴就敢把饭碗摔到地上。他们放任自己的性情，做事情的时候往往对自己不加约束，想怎样就怎样，爱做什么就做什么，而不管自己的选择或做法是否正确、合理。对于他人的情感则一概不予考虑。

第五，"小依赖"。独生子女依赖性很强。孩子什么都依赖家长，连学习都依赖家长，没有家长陪读、检查作业，孩子就手足无措了。很多孩子小学都要毕业了，还不能单独去完成一件事情。

第六，"小散漫"。不少孩子散散漫漫，无组织无纪律，上课随便说话，玩东西，做小动作。

第七，"小野蛮"。有些孩子行为野蛮，用脚踢人、用手打人、用嘴咬人；对人吐口水、骂脏话；抢别人东西；随地吐痰，乱扔杂物；给老师同学起外号；

在餐厅高声说笑；在剧场连喊带叫、吹口哨、鼓倒掌等。这些都是"小野蛮"的不文明行为。

第八，"小磨蹭"。不少孩子干事磨磨蹭蹭，吃饭第一个上桌子的是孩子，最后一个吃完的还是他，穿衣服磨蹭，写字磨蹭，干什么都磨蹭。

第九，"小马虎"。不少孩子干事马马虎虎，能凑合就凑合。明明是"+"号却抄成"×"，明明是"b"却写成"p"。

第十，"小攀比"。一些孩子盲目追求高消费，攀比、炫耀。请客必要上饭店，穿着专挑名牌。数百元一双鞋子，上千元一套服装，说买就买。

除了这"十小"以外，孩子还存在其他问题，如学习不刻苦、不专心，不孝敬老人，不尊敬父母，等等。所有这些问题，归结起来，都是习惯问题，可见培养孩子良好习惯的重要性和迫切性。

二、家长困惑

坏习惯往往是一种顽疾，一旦形成，改起来就难了。所以做家长的与其坐待孩子形成坏习惯后再费尽心思地帮他去改，不如提前了解坏习惯的家庭成因，早做预防。这在家庭教育中显得尤为实际而重要。

远离坏习惯，养成终生受用的好习惯，家庭教育就会事半功倍。那坏习惯都是从哪里来的呢？

1. 模仿

很多习惯源自模仿。调查发现，一般孩子的坏习惯，绝大部分是受到家人的影响，如：大人睡眠时间晚；吃饭时间不固定或边吃边看电视；用完东西随手乱放；在家鼓励孩子学习孔融让梨，而在公共汽车上却与老人、儿童抢位子；在"禁止入内"的牌子下让孩子爬到雕塑上摆pose；等等。

婴幼儿时期孩子的模仿力极强，大人的一言一行容易为孩子所注意、模仿，进而让孩子形成一些不良习惯。

2. 纵容

很多孩子的不良习惯，都是在父母的纵容下形成的。当孩子第一次做了错事，父母一定要明确地表明自己的态度，并予以制止，否则一旦形成恶习，改起来就难了。

有时候，父母对孩子偶发的不良行为，采取不闻不问的沉默态度，这也是不对的。沉默也是一种纵容，是一种心理的暗示，它会使孩子觉得这样做没什么不可以，于是孩子放手去做，终成恶习，贻害终生。

3. 重复

习惯是行为不断重复制造出来，并根据自然法则养成的。一个动作，一种行为重复 N 次就会成为习惯。

重复的力量是巨大的，一旦形成习惯，就会不自觉地在这个轨道上运行。如果是好习惯，则会终身受益；反之，就会在不知不觉中害了孩子一辈子。所以，为人父母者应抓好"第一次"，密切关注孩子的一言一行、一举一动，尽可能地避免因重复而形成的不良习惯。

三、锦囊支招

实际上培养好习惯与改正坏习惯是同时进行的，矫正任何不良习惯，都是在培养好习惯。我们是用好习惯代替坏习惯，实际上这代替过程，也是加减法的过程，坏习惯减少到最低点直至消除，好习惯就慢慢加起来逐渐养成了。

关于改正坏习惯，孙云晓在《教育的秘诀是真爱》中给出了以下的教育建议：

1. 制订适当标准

对于孩子的不良行为或坏习惯的改正，必须要选择适当的标准。如对于写作业，每小时有 1 次走动是正常的，所以，没有必要把标准定成零次。如果我们不希望儿童的某种行为存在，如乱扔脏物，那么就可以采用零次的标准。

2. 了解孩子的喜好

要改正孩子的不良行为，必须要有所奖励。如何选择奖励则必须基于了解孩子的喜好。如孩子特别喜欢看动画片，就可以把看动画片当成孩子改正不良习惯的刺激物，而且最好只有一个。特别要注意选择的必须是儿童非常喜欢、强烈希望得到的东西，否则效果就无法保证了。

3. 贵在耐心坚持

任何坏习惯的改正都需要采用渐进方式，逐步要求儿童递减不良行为的次数。这需要耐心坚持，冰冻三尺非一日之寒，父母不能希望坏习惯在一夜之间踪影全无。

四、要术概要：适当了解加耐心

1. 制订适当标准。对于孩子的不良行为或坏习惯的改正，必须要选择适当的标准。如对于写作业，每小时有 1 次走动是正常的，所以，没有必要把标准定成零次。

2. 了解孩子的喜好。要改正孩子的不良行为，必须要有所奖励。特别要注意选择的必须是儿童非常喜欢、强烈希望得到的东西，否则效果就无法保证了。

3. 贵在耐心坚持。任何坏习惯的改正都需要采用渐进方式，逐步要求儿童递减不良行为的次数。

第 6 节
批评教育时请保守孩子的底线

锦囊要术：保护隐私给自尊

一、教师观察

我们成年人之间发生争吵，经常会说："你触碰到我的底线了！"可是你知道吗？不光是大人，小孩子也是有底线的！

当孩子发出一些表示自己不舒服的讯息或突然发脾气时，或许你已经触碰到他的底线了。

如果父母的举动，让孩子觉得挑战了他的底线，孩子就会很容易产生逆反心理，从而事事都和大人反着来。

英国著名哲学家约翰·洛克说过：父母越不宣扬子女的过错，则子女对自己的名誉就越看重，因而也会更小心地维护别人对自己的好评。

孩子的自尊水平，其实直接决定着孩子的自律水平。

有远见的父母，批评孩子，一定是关起门来，平等对话，而不是居高临下，不管不顾地在公共场合"大打出手"。

若父母当众宣布他们的过失，使他们无地自容，他们就会觉得自己的名誉已受到打击，维护自己名誉的心思也就越淡薄。换句话说：破罐子破摔！反正我在你心里已经是罪犯了，再多犯一点小错有什么大不了！

所以，孩子犯错时，顾及自己面子的同时，也请给孩子留一点余地！每个人都有自己的底线，就算孩子也不例外。父母教育孩子时要注意不要触碰孩子的底线。

二、家长困惑

俗语说：骂人不揭短，意思是在为人处世上，不要触碰他人的底线和短处，这也许是成年人的世界里一套不成文的"潜规则"。其实，孩子的世界也是一样。当下强调做个合格的父母，尊重和保护孩子的"隐私"，其本质就是尊重和保护他们的自尊心。父母是孩子最好的榜样，在孩子面前树立高大的形象，同时教育时注意避开且别去触碰孩子的底线。孩子的底线大致有以下几类：

底线一：某些容易让人嘲笑的小毛病

有些家长们聚在一起大谈特谈孩子从小到大的糗事，虽然只是当作趣事来聊，不自觉地将自家孩子不为人知的糗事暴露出来，如某些容易让人嘲笑的小毛病，诸如尿床之类的"毛病"，在家长们眼中以为是无所谓的小事，但对孩子来说却十分重大。因为他们觉得这些缺陷会伤及自己的自尊，会使自己在同伴面前"丢面子"。因此家长不应在亲朋好友，或是其他家长，甚至他的小伙伴们面前提及，更不能挖苦、嘲笑。

底线二：某些疾病

孩子往往对于自己正罹患或曾经罹患过的疾病较为敏感，诸如有多动症、抑郁症等与心理有关的疾患，一旦家长经常挂在嘴边，随意聊说，肯定不利于疾病康复；或者疾病已痊愈，但是家长常常当着孩子的面提及也等于是"揭短"，一样会严重挫伤孩子的自尊心，也不利于孩子的心理健康。

底线三：以前的短处过失

孩子曾经的一些短处过失，虽然在大人眼里是微不足道的，但某些孩子会长期耿耿于怀，只要有人提起，他们便会伤心沮丧，有"被揭伤疤"之痛。诸如某次考试得了最后一名，某次表演出了洋相，曾经说话口吃，或是小时候爱哭等。

底线四：难以忘记的体罚经历

孩子最难以忘记的痛苦经历多半是被打、被骂、被罚站等体罚，不光皮肉受了苦，而且会恐惧、伤心、难受，甚至可能造成心灵创伤。在孩子成长后虽然逐渐很少或再没遭到体罚，但要是有人在他面前频频提及过去的这些"受辱史"，还是会使孩子陷入痛苦回忆或极度尴尬之中难以自拔。

底线五：身体缺陷

孩子身体上有缺陷，如瘦小、矮个子、肥胖、色盲、眼小、脸丑等，当着孩子的面，大人经常或不经意间提及都会使孩子缺乏信心。有的家长说起的是很久之前的事，例如家长老是提起孩子出生时瘦得像只小猫或样子很难看，孩子听后心里多半会不舒服。

底线六：侵犯孩子的独立空间

孩子都想有自己独立的自由空间，十分看重自己独处的小天地。卧室、书桌、小抽屉、日记本等，都属于自己的"私人领地"。家长经常擅自在其"领地"里"检查"一番,例如老翻看孩子抽屉、日记本,这在孩子看来是公然侵犯了他的"隐私"。

底线七:别动孩子的"私房钱"

虽然年幼的孩子并不爱钱,而且不懂得理财,但要是碰上家长经常将孩子的"私房钱"占为己有,也会让孩子感到不愉快,认为自己的权利没能得到大人的尊重和保护。

三、锦囊支招

在孩子成长的过程中,总会犯这样或那样的错误,如果家长习惯性地对孩子进行批评和指责,反而有可能剥夺孩子自我改正的机会。所以,即使要批评孩子,也要用正确的方式,而不是不管不顾地指责、打骂。关于批评孩子,家长要知道有三个不可触碰的底线。

1. 对事不对人

很多父母,在孩子犯了错误之后,便开始数落孩子:"你看你做了这么多遍还错,笨死了!""你做什么事情都做不好,长大了有什么出息!"这种批评方式直接上升到了对孩子人格的批评。孩子虽然还很小,但是他能从父母的话语中,听出潜在意思:"你笨死了""你什么都做不好"。这样的批评,既会伤了孩子的自尊心,也会让孩子将过错归因于自己的"笨",不利于孩子以后的成长发展。

其实,对孩子起到积极作用的批评教育应该是将事件和个人的人格分开来客观对待的。孩子还小,难免会犯一些这样那样的错误,但错误本身并不代表孩子的人格或是能力的不好,所以,在孩子犯错的时候,不要上升到孩子人格层面。 批评的重点应该是让孩子认识到自己所犯的错,而不是全盘否定孩子整个人。在批评孩子时,不宜过分强调孩子的过失,更不能把孩子以往犯过的错揪出来,重点应该放在正面引导上,指出孩子的错,告诉孩子如何改正。

2. 不当众批评孩子

古人说,教育孩子要 "对众不责"。 著名教育家苏霍姆林斯基曾经说过,"在影响学生的内心世界时,不应该挫伤他们心灵中最敏感的一个角落——自尊心。" 而不当众批评孩子,就是保护孩子那小小的自尊心。

所以,即使孩子有什么地方做错了,也不要当着众人的面批评。责骂也好,唠叨也好,最好就让它们停留在家庭的圈子里、母女之间、父子之间。这样既保全了孩子的"面子",也能更好地让孩子改正自己的错误。英国作家洛克说过:"对儿童进行批评时,要在私下里执行;对儿童的赞扬,则应当着众人的面进行。"

3. 不对孩子使用冷暴力

很多家长生气后,便开始"冷"着孩子,认为给孩子点教训,这样孩子以后就不会犯了。但很多父母都没有意识到,其实,我们正在对孩子使用"冷暴力"。而冷暴力对孩子的伤害,远远大于直接的批评甚至责骂!批评孩子时,即使有时候说的话重了一点,但孩子还是能从中感觉到父母是在乎自己的,是爱自己的。而父母冷漠的行为,只会让孩子缺乏安全感和信任感,从而影响亲子关系。而且这种伤害一旦产生就很难抚平。

心理学家认为,在家庭教育中,长期遭受冷暴力的孩子容易形成孤僻性格,不愿和别人交流沟通,心理不能健康地发展;孩子也会在潜移默化中变得很冷漠,对他人漠不关心,甚至有可能成为冷暴力这个"接力棒"的传递者,尤其是以后他们在处理家庭问题时也可能出现障碍。

四、要术概要:保护隐私给自尊

1. 对事不对人。在批评孩子时,不宜过分强调孩子的过失,更不能把孩子以往犯过的错揪出来,重点应该放在正面引导上,指出孩子的错,告诉孩子如何改正。

2. 不当众批评孩子。即使孩子有什么地方做错了,也不要当着众人的面批评。责骂也好,唠叨也好,最好就让它们停留在家庭的圈子里、母女之间、父子之间。这样既保全了孩子的"面子",也能更好地让孩子改正自己的错误。

3. 不对孩子使用冷暴力。批评孩子时,即使有时候说的话重了一点,但孩子还是能从中感觉到父母是在乎自己的,是爱自己的。而父母冷漠的行为,只会让孩子缺乏安全感和信任感,从而影响亲子关系。而且这种伤害一旦产生就很难抚平。

第七章 学科导学术

成功=艰苦的劳动+正确的方法+少说空话

——(美国)爱因斯坦

凡事都有方法，用对方法，就能起到事半功倍的效果。在爱因斯坦的这道"成功"等式中，他强调了"正确的方法"的重要性。正确的方法，就是做对的事情，必须找到适合自己的道路或者方向，才有成功的可能。一个孩子进入小学，从生活体验到学习知识，其内容和方式都是陌生的，如果家长能在陪伴孩子的过程中给予一些方法的指导和引领，那一定能让孩子走得更稳，学得更好！

第 1 节
轻松语文

锦囊要术：多读强记加勤写

一、教师观察

孩子升入了四五年级，很多焦虑的家长开始担心孩子的语文成绩了。家长发现，孩子的语文学习特别不理想，成绩总在七八十分左右，不会写作文，阅读题理解很不到位，表达能力也不好，作业写起来拖拖拉拉。其实，孩子不光是语文的学习习惯不让人满意，数学、英语的学习习惯也是这样，磨蹭、学习主动性不强。

为什么家长到了四五年级才开始着急孩子的学习？首先，四五年级面临着小升初的压力，有了压力，对学习成绩的关注度自然也就高了。其次，在国家"双减"政策出台之前，幼小衔接、思维训练、英语启蒙、国学阅读等，都是非常热门的课程，家长会安排还没上小学的孩子早早去体验。因为提前学了小学的课程，这些孩子进入小学后，学习能力超群，家长们会有一种幻觉，低年段的语文比较好学，所以放松了对孩子的要求。

一二年级时语文能考个 90 分以上，成绩相对不错，但是学习好的假象很快就会在三年级时被击破了。一二年级没打好语文基础，没做好语文学习设计，到了四五年级，再想提高语文成绩就很难了。

二、家长困惑

在每学期的小学语文期末考试结束后，部分家长常会对自己孩子的成绩有些不解：平时学习蛮积极的，老师布置的作业也都完成了，该背诵的也背了，可是语文就是没有考好。家长挺着急的，为什么看上去勤勤恳恳的孩子，语文考试成绩却不理想？导致成绩不理想的原因很多，尤其是语文学科，越是到小学高年段，不可控的因素越多。不过，没考好，我们可以从平时的学习习惯结合试卷的答题情况来分析一下。

1. 做阅读理解的时候，不会写就翻答案

小学语文的阅读理解，是每个小学生比较头疼的题型。为提高阅读理解的答题能力，家长会买一些阅读素材，让孩子进行阅读练习。事实上，我们都知道，阅读理解其实靠的就是日常的积累。靠考试前的刷题来提高答题准确率很难。只是，在日常的阅读理解练习中，孩子往往在答题练习时，不经过仔细思考，一遇到不会写的问答题就翻看答案。貌似都理解了，觉得自己也能写出与答案差不多的意思，这道题就被放过了。至于哪里不会，为什么没读懂，被孩子忽视后，阅读理解的能力就非常不容易提高。

2. 考试中写作文不打草稿，想起什么写什么

在考试中想要作文多加分，一定要在写作文前打好草稿。虽然在日常练习中，注重让孩子们畅所欲言，不限制孩子们的想象力，可以想写什么就写什么，提高他们的写作兴趣。但是在考试中，就要培养孩子写作的条理性，需要给作文打草稿，也是帮助孩子有效规避作文写跑题的问题。很多学生在语文考试的时候，没有给作文打草稿的习惯，导致写作文的过程中，偏离题目的要求，造成了不必要的失分。

3. 纠错只写正确答案，却不重视分析错误原因

关于纠错的问题，其实很多小学生有意识到重要性，但是只做到了一半，也就是把错误改正，把正确答案抄在错题本上。语文学科和数学学科不一样，纠错对于小学生来说，不是一个公式用错，也不是解题思路不对，而是对整体的基础知识没有把握。很多小学生在做错题后，往往把正确的答案写上去就完事了，忽视了为什么错、如何避免再错等。表面上，小学生好像挺用功的，但实际上都是无用功。

以上这些学习中的小问题，看似不起眼，但是积少成多，就会影响最后的成绩。

三、锦囊支招

语文是一门基础工具性学科，且占分比重大。同时，语文又是提分最慢的一科。不过，再困难的事情也是有方法的，学好语文都有哪些方法呢？

1. 多读

多读课外书，兴趣培养优先，精读泛读相结合。第一阶段，应该创造阅读的良好氛围，如果在孩子面前看电视、玩手机，阅读氛围就被破坏了，和

孩子一起阅读可以培养孩子的阅读兴趣；第二阶段，一开始让孩子随意选择爱看的书，一两年后再引导孩子看更有营养的书籍；第三阶段，安排孩子看经典文学名著，包括中国古典文学名著、世界经典名著。多让孩子分享书中内容，让孩子感受阅读的成就感。

在课业负担最轻的小学阶段如果没有养成阅读习惯，这一辈子爱上阅读的可能性就不大了。为什么很多学生语文成绩不好？因为自身的理解能力不足。为什么理解能力不行？因为不读书。读书这事，别人无法代劳，只有靠自己。

2. 强记

多看多记基础知识。首先，要注意字、词、句、文体知识、文学常识等五个方面知识的积累，积累越多，语文水平才有可能越高；其次，基础知识要奔着满分而去，建议为孩子准备归纳知识点的书籍，掌握语文考点知识。

3. 勤写

多写作，同时加以有针对性的辅导。

第一步：让孩子把字写得工整甚至漂亮一些，避免错别字，作文马上可以提高 2—4 分。

第二步：教会孩子审题，把握主题中心思想。做到这两步，孩子的作文能及格。

第三步：教会孩子写好开头和结尾。

第四步：教会孩子把握段落和层次，让作文主次分明、详略得当、有层次。

第五步：教会孩子有意识地使用好词好句，让作文有文采。

第六步：教会孩子把握段落的过渡和衔接，前后呼应，让作文更通顺。完成这些步骤，基本上作文可以得 85% 以上的分数了。

第七步：教会一些写作手法，让写作游刃有余。

第八步：重复第二步，教会升华中心思想，目的在于打动阅卷老师，这样作文大体上能得 95% 以上的分数了。

第九步：教会孩子争取作文拿满分。

依据上面的八步完善提高，小学生习作如果做到"审题精准""立意独到""形式新颖""语言优美""收尾精彩""书写工整"，这就达到一篇近满分作文的要求了。

语文的学习主要是依靠平时一点一滴的积累，如果平时的积累工作都做到位了，让本该沉降的坎儿，得到了桥梁支撑，不仅能顺利度过"三年级现象",同时也为语文学习打下坚实的基础。

四、要术概要：多读强记加勤写

1. 多读。多读课外书，兴趣培养优先，精读泛读相结合。很多学生语文不好，是因为自身的理解能力不足。而理解能力不行，就是因为不读书。读书这事，别人无法代劳，只能靠自己。

2. 强记。多看多记基础知识，注意字、词、句、文体知识、文学常识等五个方面知识的积累，积累越多，语文水平才有可能越高。

3. 勤写。多写作，同时加以有针对性的辅导。

第 2 节
超强数学

锦囊要术：数感、运算、练思维

一、教师观察

小学生，特别是学习有困难的小学生，学习数学都会存在以下一些普遍问题：

1. 课堂不善于倾听：好动，爱开小差，极容易分心，懒于动脑思考；就是在听也是没思考的听，听过就忘记，一点效果也没有。

2. 写作业不认真：一是边玩边写作业，错误率高，而且是低级错误严重，这些低级错误包括抄错数字、上面移到下面移错、6和0不分、10以上20以内加减法算错、乘法口诀背错、数位不对齐，这些都是不良习惯造成的。二是怕动脑，这类孩子做作业的样子可以用许许多多的词语来形容，如拖拖拉拉、懒懒散散、慢慢吞吞、三心二意、潦潦草草、漫不经心，根本不把读书写作业看作自己的事情，好像是在为老师学，为家长做，学习完全处在一种被动状态。

3. 学习方法不科学：具体表现在出力不少但效果不佳。不会看书，有的题目只要看看书就知道如何解决，但就是懒得翻书，瞎做或求助于家长。一些基础的知识和概念，书上都有，不明的或已忘记的只要翻翻书就知道了，可是孩子就是不翻，坐在那儿不动，发呆，眼神呆滞。

二、家长困惑

数学是一门很重要但又令不少孩子头疼的学科，很多情况下，孩子数学成绩差并不仅仅是不努力，反而有很多方面的原因。这里给大家盘点一些孩子数学成绩差的原因，家长看看自己的孩子身上有没有。

1. 基础不扎实

考试是对基础知识掌握程度的一种检测，如果孩子基础知识不扎实，那在考试中自然不能取得好成绩。有些孩子连基本公式都没能熟练掌握,甚至连基本概念和定理都不知道,这样的孩子怎么能考好数学呢?

2. 基本运算能力差

数学最重要的是运算,如果孩子运算能力差,那在运算过程中容易出现纰漏,从而得出错误结果,最终没能得分。有些孩子运算能力较差,连基本的运算规则都不了解,而且长期使用计算器,这样的孩子自然没办法取得高分。

3. 应用能力差

数学考试中,很多题目都会结合生活,考察孩子的应用能力。如果孩子不知道要怎么将数学运用到生活中,那自然是没法得到这一部分的分数。

4. 审题不仔细

数学题往往需要考生仔细审题,一个细小的变化就可以让题目的解法出现变化。如果孩子审题不仔细,看漏或者看错题目,错误理解出题人的意图,自然会给出错误答案,从而造成失分。

三、锦囊支招

良好的开端是成功的一半,好的学习方法是成功的奠基石。很多时候,语文、英语考了高分,结果数学一出来,就名落孙山了。我根据对身边小学生学习数学方法的观察,总结他们的学习习惯和特点,提出以下几个学习方法,希望家长能以此督促孩子。

第一条:培养数感

数感这个词,其实并不抽象。但是呢,许多家长往往忽视了这一点,导致错过了培养孩子数感的黄金时期。

其实,培养孩子的数感,要放在小学一年级以前。

小学一年级前,从孩子过了三岁,初步具备了认识事物的能力后,就要开始有意识地去培养孩子的数感了。在我们的生活中,数学无处不在,对我们来说这是一个很好的机会,我们可以充分利用生活中的小细节把数学思维潜移默化地根植到孩子的脑海里。

和孩子一起出门坐公交、打车都可以用来训练孩子的数学能力,比如让孩子确定方向、几个站、换乘、最短距离、最少时间、公里计价……既锻炼了孩子的观察能力,又培养了孩子的数学思维,而且和父母一起学习,会增进亲子感情,一举多得。

第二条：建立空间思维

小学一至六年级，与空间思维有关的内容，主要有平面图形、立体图形、图形与变换、统计图等。

其实这些知识，在小学一年级前，家长也可以通过自己的方式，帮助孩子去接触，去认识，去感知。比如积木，比如一些拼图，这些益智类玩具，特别能启发孩子的直观思维，使他们从小就建立空间概念。

第三条：具备基本的运算能力

经常会有一些孩子，都上了四年级了，还不会背乘法口诀，加减乘除一算就错。这是因为这些孩子从一年级开始就没有打好基础。加减乘除，一定要明白算理，懂得运算的规则，这些都需要在日积月累的学习当中不断提高。之所以出现上述问题，就是因为家长没有及时发现孩子的问题，导致孩子数学成绩一直提不高。

总之，运算能力的培养，需要家长更多的观察，不能偷懒。

第四条：学会解决问题

解决问题，是小学数学的终极目标。各类应用题，是验证孩子能否快速解决问题的一个测试项。

应用题，其实也是加减乘除，复杂一点，会出现分数、百分数，但归根结底，就那么一些类型，一通则百通。

越是理解力强的孩子，应用题越没问题。越是理解力弱的孩子，应用题越容易丢分。

这充分说明，理解能力，是解决问题的关键所在。因此，多帮助孩子去读，去理解，去思考，反复解答同类型的题目，进行强化训练，是一个不错的方法。

第五条：锻炼思维

最后一点，就是锻炼数学思维了，想要强化这一点，可以配合一些奥数方面的训练。

如果孩子对数学有兴趣，家长可以趁热打铁，再进行一些奥数方面的培养，因为奥数题相对来说难一点，十分挑战孩子的思维能力，这对于锻炼孩子举一反三，是十分有效的。实际上，思维能力是后天培养的，而且有关键期。0—3岁是大脑建构的关键期，4—8岁是思维培养的关键期，6岁左右是思维发展的爆发期，在爆发期培养思维能力会取得事半功倍的效果。

第六条：培养孩子的阅读兴趣

语文和数学看似是不太相关的学科，但实际上任何学科的学习都要以语文为基础。语文水平代表着理解能力、领悟能力的水平。试想，连题意都不能完全领会，又怎么能解题目。苏联教育家苏霍姆林斯基在《给教师的建议》中曾经说过："学生读书越多，他的思维就越清晰，他的智慧力量就越活跃。"

不少家长认为，直接给孩子补课对于成绩的提高有显著的效果。而看了几本书，似乎没有什么明显的改变，所以就削弱了对孩子阅读的要求。实际上阅读能提高文化素养，丰富知识积淀，帮助孩子开阔视野、拓展思维，提高学习能力。所以，阅读不仅仅是语文学科的事，它有助于任何学科的学习。

以上六条，应引起家长重视，从孩子入学前就开始观察、培养，家长的陪伴引导，对于孩子学好数学，起着关键性的作用。

四、要术概要：数感、运算、练思维

1. 培养数感，建立空间思维。 充分利用生活中的小细节，把数学思维潜移默化地根植到孩子的脑海里。动手是最好的学习方式，孩子们通过益智类玩具的摆放、构建，或者拼图类玩具的摆与拼，刺激大脑，进而培养初步的空间思维。

2. 具备基本的运算能力，学会解决问题。 家长有必要从一年级起，关注孩子是否能快速心算、口算，如果出现了问题，需要对症下药寻找解决办法。强化训练，提高运算能力和解决问题的能力。

3. 锻炼思维，培养孩子的阅读兴趣。 思维能力是后天培养的，6岁左右是思维发展的爆发期，在爆发期培养思维能力会取得事半功倍的效果。阅读不仅仅是语文学科的事，它有助于任何学科的学习。

第3节
麻溜英语

锦囊要术：听说读写全面抓

一、教师观察

家长们都希望自己的小孩能提前学英语，打好基础，仅在学校里学还嫌不够，课后还报班接着学，跟老外学口语，总希望孩子多学点，然后去考级，多拿证书，似乎只有这样才有成就感。

家长"望子成龙"心切，这种心情可以理解，但仔细审视一下家长的某些做法，确实是"揠苗助长"。如何健康地引导孩子学好英语，家长必须走出以下四大误区。

误区之一：英语学得越早越好

目前外语学习的低龄化越来越普遍，一般都认为孩子学英语"越早越好"，实际上这是一个有争议的观点。诚然，儿童在心理、生理和认知上都有学习外语的相对优势，但也并不是越早越好，这是有前提条件的，比方说，父母亲要移居海外，为了能让孩子融入新的环境，可以提前学点外语；另外一种情况就是孩子在幼儿园或上小学时，班上有外籍的小朋友一起读书，为了能与他们交流，可以提前学；再有一种情况，就是遇到了语音特别好的外语教师或外教，小孩子又对外语特别感兴趣，主动要求提前学。

幼儿园和小学是习得母语的最佳时期，不应该为了学外语而以牺牲母语为代价。简言之，儿童学英语应因人而异，不可搞"一刀切"，应根据孩子的兴趣、外部语言环境和教学条件来确定孩子开始学外语的时间。

误区之二：跟老外学英语最好

近年来人们普遍认为"跟老外学英语最好"，其实不然。老外的英语并非人人都标准；再者，他们如果没有教学经验，还不知道怎么教，也不知道中国孩子的困难在哪里，不能解决孩子在学习中遇到的困难。

目前，国内从事幼儿英语教育的老师一般都受过专业培训，英语语音语调都较好，而且知道中国英语初学者的困难所在，所以能够更好地引导孩子学英语。

误区之三：英语学得越多越好

有些家长觉得英语学得越多越好，于是刚刚放学就又将孩子送到培训学校，周末和节假日也不放过。其实，儿童学英语应该在于培养兴趣，学些英语日常用语即可，没有必要学得过多，因为儿童的认知水平有限。再者，假设你在幼儿园和小学一、二年级学的英语知识，到了小学三年级时，又要重复学习，这样就造成"前功尽弃"，浪费了许多宝贵的时间，会对孩子的心理产生非常不良的影响。

误区之四：英语考级越高越好

有些家长每隔一段时间就让孩子去考级拿证书，希望孩子能拿更多的证书，拿更高一级的证书。实际上，一些英语考试对于儿童根本就不适宜，因为那是针对成年人学英语而设置的一种水平测试。所以，考不考证书是次要的，关键是要孩子有学外语的兴趣，能用简单的英语进行交流就行。

儿童的早期教育固然重要，但我们要因势利导，不可"揠苗助长"。若想对孩子进行健康的、良好的早期教育，家长应走出以上所说的英语学习四大误区。

二、家长困惑

小学生如何学习英语，这是不少家长最头疼也最为关注的话题。面对小学生英语学习过程中遇到的一些难题，家长最困惑、最关心的大致有以下一些：

第一，如何培养孩子学习英语的兴趣？一些家长表示：孩子现在三年级，学校开始开设英语课之后，孩子对英语没有丝毫兴趣。跟三年级的孩子强调学英语的重要性，孩子也根本不当回事。

第二，如何克服短期的"热乎劲"？也有家长们反映：孩子刚开始学英语的时候很喜欢英语，但是没有毅力，只有一段时间的"热乎劲"，过了这个劲头就松懈了。日常生活中也没有说英语、听英语的环境和氛围，怎样让孩子保持持续的学习兴趣呢，这也是许多家长关心的问题。

第三，除了送孩子去培训班，如何在家教孩子学英语？通常大部分家长是给孩子报一个培训班。但是家长反复给孩子报课外补习班，造成课外与课内脱节，加之各大辅导班的进度不同，教材不同，孩子不断地重复学习，导致提分慢，甚至丧失信心，加重了孩子的英语学习负担。

三、锦囊支招

学生跨入英语王国的第一步，都是带着满腔热情来的，这时培养他们对英语的好感是很重要的。俗话说："良好的开端是成功的一半。"因为他们此时对英语学科有好奇心，他们刚接触英语，爱英语学科会超过其他学科。所以要因势利导，激发孩子的求知欲，正面引导孩子，不能让孩子对英语学科失去兴趣。在这一阶段，孩子学习英语要注意些什么呢？

1. 掌握听说读写四项技能

在小学阶段，听、说、读相对于写要重要得多。孩子要朗读或背诵老师布置的内容。

上课时认真听讲并善于模仿老师和音频的声音，把好语音关。要敢于大声地说，敢于提出疑问。

课后认真复习，用好复读机，每天听读课文半小时，为听、说打下扎实的基础。

2. 认真完成书面作业和听力练习

书写时要注意字母之间、单词之间、句子之间的异同。在学习上注意归纳语音和语法的特点，善于发现规律，灵活运用。

做听力作业时要学会正确使用复读机，先精听，然后再读，去听自己的发音，找出与音频的不同，直到自己的发音与音频的一样，再接着听下一个。

多用精听模仿练习法模仿发音，不要边听边读，要求听的时候不读，读的时候不听，这样效果会更好。

3. 书写要规范准确

和语文学科一样，书写对学生而言是一项重要的基本能力，学生要观察老师的板书，写英语时注意笔画、笔顺，字迹要工整，一定要注意字母在四线三格中的规范。

首先要求孩子做到卷面整洁、干净，再要求书写工整、美观。家长在孩子开始书写时就要抓，抓姿势、抓手势、抓耐心，否则坏习惯养成后再纠正就困难了。

小学英语首先从兴趣出发，其次抓好听说读写四项技能；再让孩子养成一个好习惯，就能为以后的英语学习打下坚实的基础。

四、要术概要：听说读写全面抓

1.掌握听说读写四项技能。在小学阶段，听、说、读相对于写要重要得多，要朗读或背诵老师布置的内容。

2.认真完成书面作业和听力练习。书写时要注意字母之间、单词之间、句子之间的异同。在学习上注意归纳语音和语法的特点，善于发现规律，灵活运用。用好复读机，每天听读课文半小时。

3.书写要规范准确。和语文学科一样，书写对学生而言是一项重要的基本能力，学生要观察老师的板书，写英语时要注意笔画、笔顺，字迹要工整。一定要注意字母在四线三格中的规范。首先要求孩子做到卷面整洁、干净，再要求书写工整、美观。

第 4 节
亲近科学

锦囊要术：实验阅读看场馆

一、教师观察

很多孩子觉得相比数学，科学是一门简单而且不太重要的学科，小学阶段的家长，课余会给孩子报语文、数学、英语辅导班，甚至语文兼报阅读和作文两门课外辅导课程，而科学在小学阶段，往往是被忽视的一门学科。

即便到了初一，虽然分值一跃升到了 180 分，但刚开始学的课程与小学似乎也没什么不同，以实验与认知为主，难度也不大，看不出什么差别。

时间推移到初一暑期，这个阶段孩子开始越来越多地接触理论和计算，学到力学部分后，难度也有点上升，力学基础部分的分析计算骤然变多，一个摩擦力的方向就能愁倒不少孩子。

这个时候如果学得一知半解，到了初二，孩子学到物理里难度和分值占比都较大的浮力这部分时就更难以为继了。这个时期孩子们的科学成绩会慢慢开始拉开差距，两极分化。这时候，家长们也开始着急了，孩子为啥老是学不好科学？

二、家长困惑

科学学习上的问题，真的是在初二才出现，到初三了才愈演愈烈吗？

其实不然，昨日因今日果，初二、初三出现这种两极分化，其实是此前认知偏差和习惯累积的结果。

先来说早期家长对科学学科的认知偏差，下面的对话你一定不会陌生，或许就是孩子曾经问过你的一个问题。

小男孩问妈妈："妈妈，我们为什么要吃饭？"小男孩的妈妈面无表情地回答："当然要吃饭了，不然就会饿死！"妈妈毫不在意的一句话，将孩子"噎"在了沉默里。同样的场景，另外一位母亲给出了不同的答案："因为，我们需要给身体输入能量呀。""身体为什么需要输入能量呢？""因为你跑步、跳舞、看书、玩耍都需要能量，能量用完了，就需要补充呢。""能量为什么会用完呢？""因为……"

孩子的好奇心会让孩子像"十万个为什么"提问器，看到什么，想到什么都要问个为什么。显然，上面对话中第二位母亲的回答，就比第一位母亲的回答更能帮助孩子开启科学探知的大门，引导孩子用科学的方法思考和解决问题。孩子的科学探究欲望是需要被保护和引领的，在那个关键时期，家长是否把握住了呢？

其次，科学的学习是一个循序渐进，需要不断探究的过程。有多少孩子把小学四年的科学学习认为是看看老师做实验，背背书本上的知识点？

一个科学知识的认知过程其实是充满乐趣的，不断去探索这个世界的奥秘，对万物原理日渐深入，但如果这个探究的过程完全被教材和理论讲解所替代，单纯靠记和背完成理论的学习，就会变成一件相当痛苦的事情了——理论记不牢，还总是更新，随着知识量的增大，孩子也会越来越疲于应付。

这种不求甚解的、应付式的学习态度，往往在孩子刚刚开始学科学的这段时间养成，而其影响，则将伴随孩子的一生。

与之相似的，还有很多科学学习上的坏习惯，也早在孩子早期的学习中便已养成：

纯靠记和背实验，到了需要活用的实验题自然一筹莫展。

习惯不写符号和单位，只写数字，到需要面对复杂的物理条件时自然晕头转向。

习惯零散地认知和学习科学知识而不思考其背后的逻辑，到后面知识点越来越多的时候，自然会在无边无际的知识海洋中被淹没了。

三、锦囊支招

针对这些现象，我们其实要解决三个问题：怎么让孩子乐于去探究而不是应付地记忆？怎么培养孩子的探究能力？到孩子愿意去学科学的时候，我们该怎样培养孩子的学习习惯？针对这几个问题，这里分享一些简单的解决方法。

1. 动手做小实验

如果孩子在课堂上只能看着老师做实验，没有自己动手的机会，久而久之，孩子必然会习惯这种学习模式。如果回家之后科学只是做书面作业，那么电视、电脑及手机游戏的诱惑显然要大得多。但与之相反，如果从一开始就让孩子自己亲手做做实验，直观地感受自己完成的实验结果，从科学探索视频中了解发现世界的魅力，想必孩子对科学的学习也就不再抵触了。

小学生爱做的科学小实验有很多，植物是怎样生长的，动物是怎样生活的，鸡蛋怎样摔不破，一张普通的白纸可以承受多大的重量……这些答案蕴藏在有趣的科学小实验中。做这些小实验，除了能增长孩子的科学知识，还能丰富他们的生活。同时在实验中培养孩子的观察能力、记录能力、分析能力、信息整合能力等。探索大自然的奥秘是一个充满乐趣的过程，只有亲身参与，孩子才能享受其中的乐趣。

2. 阅读科学类书籍

提到科学，很多时候，我们畏于科学的权威性与复杂性，在心里为自己与科学筑了一道隔离墙。

但是，科学的开始，可能只是因为一颗掉下来的苹果、一壶正在沸腾的开水，可能是我们每个人日常生活里的琐碎。可以推测，窥见科学的冰山一角，就可能会改变思维方式与生活视角。

儿童时代是一个人的想象力迅速形成和发展的时期，科学类作品除了能够普及科学知识、激发阅读者对科学的学习兴趣外，还能够开发想象力，传达向往未来的精神力量，应引起家长的重视。

但需要提醒的是，孩子不爱读文字多又知识密集的科普书。所以选择合适的科学类书籍，对孩子来说也是非常重要的一点。

3. 参观科学场馆

参观科技馆、博物馆都能让孩子有亲临现场的感觉，适合儿童以形象思维为主的学习方式。

首先，能让孩子们理顺人类的发展进程：知道什么物件在重要的历史时期发挥了重要的作用；了解自然世界的历史和自然界在演变过程中发生了哪些大事；学习人类的科学、技术进步等等。

其次，能培养视觉认识能力。在博物馆里接触很多与艺术相关的展品，进而分析美的构成，品味风格的演进，提高自己的审美水平。

父母带孩子逛博物馆最容易犯的错误就是指望一次看个够，那样的安排一定会导致另一个结果：一次看到烦！规划科技馆、博物馆等行程的时候，一定要考虑到孩子的生理特点。7岁以上的孩子，如果父母有心，可以一起学习，事先网上搜索相关信息，把休息吃点心跟观赏结合起来，消耗个半天。

家长真心想给孩子介绍更多文史知识，就必须提前做准备。不做准备而去，又确实不懂科技、历史的话，我们跟孩子就是平等的游览小伙伴。

家长带孩子去科技馆、博物馆，是希望孩子能对科学产生亲近喜爱之心，希望孩子进科技馆、博物馆，就像去门口便利店一样，成为他们童年生活的一部分。

四、要术概要：实验阅读看场馆

1. 动手做小实验。我们如果从一开始就让孩子自己亲手做做实验，直观地感受自己完成的实验结果，从科学探索视频中了解发现世界的魅力，想必对科学的学习也就不再抵触了。

2. 阅读科学类书籍。儿童时代是一个人的想象力迅速形成和发展的时期，科学类作品除了能够普及科学知识、激发阅读者对科学的学习兴趣外，还能够开发想象力，传达向往未来的精神力量，应引起家长的重视。

3. 参观科学场馆。家长带孩子去科技馆、博物馆，是希望孩子能对科学产生亲近喜爱之心，希望孩子进科技馆、博物馆，就像去门口便利店一样，成为他们童年生活的一部分。

第5节
爱好艺术

锦囊要术：体验观察造氛围

一、教师观察

专家表示，孩子天生就是探索家、创作家、想象家，对他们的艺术思维进行启蒙是很重要的。但有些家长认为儿童语数英教育才是重中之重，艺术教育只是可有可无；有些家长觉得儿童艺术教育只可以作为展示的才艺；有些家长虽然重视儿童艺术教育，但是不重视艺术教育的方法。

艺术教育到底有多重要呢？

不可替代的作用

艺术教育侧重于直觉的、感性的认知能力，从脑科学角度来说，艺术协调着人的左右脑，使两者既保持相互平衡，又在相互促进中得到提升和发展，艺术教育有助于孩子大脑潜能的开发。

艺术思维侧重于直觉，具有跳跃性、非线性的特点，在很多类型的发明创造中，都会起到关键的连接作用，可以培养孩子的创造性思维和逻辑思维能力。

唤醒孩子的美感

每个孩子内心深处都有审美潜能，只是它取决于能否被唤醒，通过艺术教育，能在孩子心中播下美好的种子，并以此为基础，形成螺旋上升的经验结构，最终能让孩子拥有自己的审美观、自己独有的感知以及沟通能力。

释放精神压力

随着生活节奏的加快，社会竞争的日趋激烈，孩子的学习压力也越来越大，如何让孩子能在课业的压力下，释放不良情绪，是很多家长选择让孩子学习艺术课的关键所在。

艺术教育直接作用于人的情感世界，与人的身心关系最为紧密，并能帮助人在理性和感性冲突之间找到平衡，使人的生活方式由"物质化"向"艺术化"转变，以此来释放精神压力。

培养全面发展的人

孩子在从事艺术创作时，发展起来的直觉能力和空间想象能力，对抽象、逻辑思维起到互补作用，少儿艺术创作能够有效地激发幼儿的想象力，有助于智力发展。

学艺术的孩子未来拥有无限的可能。早期进行艺术教育，可以促进孩子良好个性品质的形成，为他们的全面发展奠定良好的基础。

二、家长困惑

我们都知道艺术教育对孩子成长的意义。可很多家长在对孩子进行培养的过程中也会走进误区。

比如：有的父母会随波逐流，看别的孩子学什么，自己也不顾孩子的意愿，给孩子报班；有的父母认为艺术教育年龄越小越好，所以想早早培养孩子的特长，早早报了班；有的父母以自己的想法为主，忽略孩子的需求，强行要求孩子去坚持；有的父母不顾孩子的压力，给孩子报多个兴趣班，逼迫孩子全面发展……

我们必须要清楚地了解一点，艺术教育的前提是尊重孩子的兴趣和选择。我们谁都不能代替孩子的意愿，若父母代替孩子做选择，等于忽视了艺术本身的特点。

艺术教育不仅能提高孩子的素质，也能培养孩子的创造力。对于家庭来说，艺术教育能使日常生活诗意化，使道德教育愉悦化。

三、锦囊支招

如何在生活的点滴中培养孩子的艺术感觉？

1. 体验生活

很多父母会说，工作太忙，没时间和孩子进行互动。其实，对孩子的艺术启蒙不一定要特意进行，可以抓住各种生活的瞬间。

比如，带孩子外出，看看天上的云，问问他，那些云朵让他联想到了什么？和孩子行走在大自然中，找找草丛里的昆虫，捡捡地上的落叶、小树枝、碎石，随意地摆放成一些造型；当你在厨房做饭时，也可以让孩子参与进来，让他闻闻不同食材的气味，认识各种蔬菜的形状。

现在的孩子比我们小时候要幸福多了，会有很多的机会欣赏到一些高水准的艺术展览，甚至能够欣赏很多艺术大师们的真迹以及一些高质量的戏剧和音乐会……所以别担心孩子年龄小，理解不了，小孩天生就具有灵性，他们所感受到的会比我们想象的要多得多。这些体验都能让孩子的精神世界获得极大的丰富。也有很多的家庭热爱旅行，一到假期就会带孩子在路上游走，见识不同的风土人情，领略多样的文化艺术，这些经历都会扩充孩子的生活体验。

2. 观察自然

艺术可以是家里挂着的一幅画，这幅画可能是你觉得美买下来的，挂在屋里当作装饰；艺术也可以是一束花，不论是在花店挑选的，还是在户外随手摘的野花；艺术还可以是一道美味的菜，色香味俱全，能够让家人吃在嘴里赞不绝口……

所以我们要时常带着孩子到自然中，去观察树叶的纹理、色彩的变化，花瓣的不同形态，花开的奇妙过程，还有成熟的树种和果实，等等。带孩子去细心地观察和感受，把在大自然中找到的宝贝收集起来带回家，在树叶、石头及贝壳上进行彩绘，把枯树枝做出各种创意，一些果实可以和黏土结合成为活灵活现的小动物……这些素材，会启发孩子很多灵感。

3. 营造氛围

物理氛围： 为孩子准备一个专属的空间。父母可以在家里设置一个固定的空间，让孩子可以在里面任意地涂鸦和创作。当然最重要的是，父母一定不要去干扰孩子，让它成为一个真正属于孩子自己的安全空间。他在里面可以尽情地发挥，可以去玩，可以在合理的前提下搞各种破坏。

艺术的熏陶应该是一辈子的事情，父母一定要抛弃急功近利的想法，而是要给孩子创造环境，让艺术成为孩子生活的一部分。他高兴时可以唱歌，不高兴时也可以通过画笔去释放，让艺术成为孩子的一种表达方式。

心理氛围： 真心地赞美孩子的创作，让孩子获得成就感。夸赞孩子要诚心实意，不是为了某些目的去奉承孩子。要对孩子创作的过程进行赞美，而不是点评他们的创作成果。把孩子的作品在亲戚朋友面前展示，真诚地表达赞美和喜悦之情，不仅可以让孩子获得成就感，也是一种非常有技巧的表扬方式。

四、要术概要：体验观察造氛围

1. **体验生活**。孩子的艺术启蒙不一定要特意进行，可以抓住各种生活的瞬间，见识不同的风土人情，领略多样的文化艺术，这样的经历都会扩充孩子的生活体验。

2. **观察自然**。带孩子细心地观察和感受大自然，会启发孩子的灵感。

3. **营造氛围**。物理氛围：为孩子准备一个专属的空间，让它成为一个真正属于孩子自己的安全空间，他在里面可以尽情地发挥。心理氛围：真心地赞美孩子的创作，让孩子获得成就感。

第 6 节
喜欢体育

锦囊要术：有趣项目一起练

一、教师观察

没有谁不关心孩子的健康，但如何在家庭中加强对孩子的体育教育，却让不少人有些茫然。

相当一部分父母认为孩子的学习最重要，学习负担已经够重了，再拿出时间运动，多少有些强人所难。有的则认为孩子不生病就行了，没必要专门花时间进行体育锻炼。还有的认为要使孩子身体好，重要的就是要吃好、营养好，运动健身被排斥在了家庭日常生活之外。

当然，对孩子呵护过度，怕孩子运动时累着、摔着、碰着，甚至为了孩子不愿意上体育课便给他们请病假的事情也时有发生……由于家长认识上的误区，很难有意识地把体育作为家庭教育的内容，培养孩子的运动习惯在一些家庭中俨然成为教育的"盲点"。

针对以上现象和国家学生体质检测的数据分析结果，教育部提出，学校的体育中考将逐年增加分值，达到跟语数英同分值的水平。目前有许多地方已经把体育纳入了中考总分，且分值和难度都在不断提高。比如浙江，2021年中考总分720分，体育在中考中占到40分。

这个分数看似占比不太大，但指挥棒作用已经发挥得很厉害了。学科成绩改卷都要精确到0.5分，这40分对于想要考高中的学生来说，已然超级重要。

二、家长困惑

每个孩子来到世界上都是不同的，但是每位父母都会觉得自己的孩子是最值得骄傲的。

随着孩子慢慢长大，很多父母会发现，小时候那个快快乐乐、无忧无虑的孩子慢慢地"消失"了，在不经意间，你的孩子就会被这个社会所"浸染"，英文单词测试没有全对就要哭一鼻子、竞选班干部没选上要难过一整晚，孩子们仿佛变成只在乎结果、太看重输赢的"社会人"了。

怎样改变这种情况呢？体育也许是一个很好的选择。

经历输赢越多的孩子，越有平常心。

有时候，对胜利的过分渴望，往往是因为对输赢还经历得太少。在家里，孩子们就是独一无二的宝贝。在学校，孩子们又很少会经历正面对抗。再想想家长们带孩子参加的培训：钢琴、绘画，这些内容又很少有直接的身体对抗和单打独斗的胜负输赢。

久而久之，孩子甚至没有痛痛快快地参加过一场比赛，没有经历过充满荣誉光环的赢，或者有尊严无遗憾的输。

体育却能让孩子体会到比赛的仪式感。而且体育往往需要孩子分出胜负，经历得越多，越能用一颗平常心看待生活。

想要赢得比赛就要知轻重，懂进退。

不论是什么体育项目，都不只是身体素质的比拼，其实更考验的是孩子的战术技巧。

进攻是最好的防守，所以，被动迎战等于认输，只有放手一搏才有机会赢得比赛。当然，一味地进攻却没有防守也不能赢得比赛，要懂得进退，张弛有度。就在这一进一退间，孩子懂得了博弈中的大道：知轻重，懂进退。

每次训练，都是一次挫折教育。

每次比赛由开始到结束都有一个过程，在这个过程当中，孩子可以清晰地看到自己哪里进步，哪里不足，赢了自然信心满满，输了也能欣赏对手。大不了下次再战！

练习体育能让孩子直面对抗、直面挫折，当然更重要的是使孩子在成长过程中明白，漫漫长路，有起有落，才有故事，有输有赢，才是人生！

三、锦囊支招

我们应该如何吸引不爱运动的孩子去运动呢？

1. 感觉有趣

我们得让孩子们觉得，运动其实是可以很有趣的。体育运动分三个级别，第一是玩，第二是游戏，第三是运动。玩是没有目的的，游戏是有一定的规则的玩，运动则是规定技能创生性的玩。刚开始家长可以跟孩子一起用玩和游戏的方式进行运动，比如"跳房子""踢毽子""跳皮筋""丢沙包"等。

很多的体育比赛能激发孩子对体育运动的兴趣，让孩子产生尝试的念头。当家长带孩子去看高水平的职业运动员的比赛时，看到运动员出色而精彩的表现，比赛现场的热烈气氛，这些体验都可以让孩子感受到这项运动带来的兴奋和激情，并产生对这项运动浓厚的参与兴趣。

双休日时，父母不要把大把的时间放在睡懒觉、逛街、看电视上，应该有计划地和孩子进行爬山、郊游等活动，让孩子选择喜欢的地点一起去游玩，这样不仅可以调动孩子游玩的积极性，还锻炼了身体。

在亲近大自然的过程中，孩子的性情会得到很好的陶冶。

2. 找到项目

每个孩子的性格不同，所以喜欢的东西也不同。如女孩喜欢布娃娃，而男孩喜欢汽车，运动亦是如此。父母要细心地观察孩子的强项和弱项，以及孩子喜欢和讨厌的事物，可以让孩子多尝试几种不同的运动方式，直到找到一种孩子最喜欢的运动。

在为孩子寻找合适的运动项目时，不要那么机械，你的孩子会对很多运动感兴趣，没必要为他们设定具体目标。孩子喜欢的运动变成了玩乐，就会愿意坚持。如果被父母勉强则很难长久地坚持下去。

在寻找适合孩子运动的项目时，父母应该积极鼓励孩子发展这些爱好，给孩子报培训班学习，让孩子在兴趣中达到强身增智的效果。

体育运动对弥补心理缺陷有较好的帮助，而且不同的体育项目对不同的心理缺陷功效不同。

第一，孤独、怪僻的人可以选择足球、篮球、排球以及接力跑、拔河等集体项目。这类体育项目的共同点是要求每一位成员互相配合、交流，强调团队精神。多参加这样的运动会促进孩子与他人交流、增强换位思考的意识，弥补孤独、怪僻的心理缺陷。

第二，腼腆、胆怯的人应该多参加游泳、溜冰、滑雪、拳击、摔跤、单双杠、跳马、平衡木等体育项目。这些项目的共同点是，如果失败就可能会受伤，这就逼迫孩子去战胜困难、越过障碍，进而培养勇敢、无畏的精神。

第三，优柔寡断的人适于多参加诸如乒乓球、网球、羽毛球、拳击、跨栏、跳高、跳远、击剑等体育活动。因为这些项目不允许深思熟虑，需要的是瞬间的判断能力。多练此类项目能培养孩子果断的性格。

第四，急躁、易怒的人最好选择下棋、打太极拳、慢跑、长距离的步行及游泳、骑自行车、射击等需要耐心的项目。因为这类人，一般都比较冲动，忍耐能力较差，这些项目正好可以培养一种延迟满足的心理。

第五，缺乏自信的人可以选择跳绳、俯卧撑、广播操、跑步等一些相对简单的体育项目，因为这类孩子总是觉得自己做事做得不够好，担心完不成任务，容易不断否定自我，有一种习惯性的消极认识。选择简单的体育项目，可以很快就获得成功的满足感，从不断的成功中建立自信。

3. 亲子运动

现在很多的赛事活动都有亲子活动，比如亲子啦啦操，比如和孩子一起参加一些户外运动的比赛，都是不错的运动项目。孩子们喜欢也很希望得到父母的关注、鼓励和陪伴，从而会在这一过程中更加喜欢上运动。

一般来说，每个小区都配备了一套基本的锻炼身体的体育器材，父母每天上班前或下班后来这里锻炼锻炼，孩子可能因为"跟风"意识，不由自主地就和父母一起来锻炼了。

四、要术概要：有趣项目一起练

1. 感觉有趣。很多的体育比赛能激发孩子对体育运动的兴趣，让孩子产生尝试的念头。这些体验都可以让孩子感受到这项运动带来的兴奋和激情，并产生对这项运动浓厚的参与兴趣。

2. 找到项目。每个孩子的性格不同，父母要细心地观察孩子的强项和弱项，以及孩子喜欢和讨厌的事物，可以让孩子多尝试几种不同的运动方式，直到找到一种孩子最喜欢的运动。

3. 亲子运动。家长可以找一些能和孩子一起参与运动的项目，孩子们喜欢也很希望得到父母的关注、鼓励和陪伴，从而会在这一过程中更加喜欢上运动。

第八章 同步成长术

没有天生的成功父母，也没有不需要学习的父母，成功的父母都是不断学习提高的结果。

——莫言

没有天生优秀的孩子，也没有天生称职的父母。大多数优秀的孩子都是优质教育的结果，而优秀的父母也是不断努力学习而形成的。每个孩子在生命的最初都是一张白纸，很大程度上长成什么样取决于家长怎么画。教育关乎千家万户，教育影响千秋万代。为了孩子的明天、家庭的幸福和祖国的未来，让我们握紧孩子的手，和孩子同步成长。

第1节
当孩子的玩伴

锦囊要术：游戏时机与项目

一、教师观察

童年的关系模式，与成人后的事业、婚恋、亲子关系，有着丝丝入扣的对应关系。亲子关系决定的是我们人生的起点，真正让孩子赢在起跑线上的是亲子关系！

很多家长都在苦恼能不能骂孩子，该不该打孩子。这"能"和"该"的背后是家长和孩子是否有良好的、足够互相信任的关系。也就是说，如果孩子平时能得到父母足够的爱和陪伴，那么当他犯了错误被惩罚的时候，他是能感受到这惩罚背后的目的和动机都是源自父母的爱意和用心的。

所以，亲子关系，比教育重要一万倍。

如何营造良好的亲子关系？——做孩子的玩伴！家长要走进孩子的内心，去了解孩子，成为孩子真正的朋友，学会和孩子一起玩。

父母不妨多抽出点时间陪陪孩子，让孩子在和父母的嬉戏中去感受那份独特的快乐，为孩子营造一个宽松的家庭氛围。

只有当父母真正接受了"玩是儿童的权利"这一观念时，才会陪孩子一起玩。

玩，是有艺术的。

在玩中不要教训孩子，不要总想给孩子增加智力内容，玩就是玩，不要用功利的眼光看待玩。

例如有的家长带孩子玩之前，常常给孩子布置写作文的任务，等于让孩子背着一个沉重的思想包袱玩，最终是玩也没玩好，学也没学好。

在玩的过程中，要因势利导。孩子毕竟是需要指导的，当家长和孩子一起游戏的时候，可以培养孩子的自信、细心、耐心等。这种培养比单一的说教，更容易让孩子接受。

二、家长困惑

回忆我的童年，印象中最温暖的画面是妈妈带着我和妹妹到乡野的小溪边抓小鱼小虾、摘野草莓，玩累了，我们就在溪边的草地上吃零食；印象中最难忘的事情是，每天放学，总有一大帮同学到我家院子里玩跳皮筋，之后我们一起写作业，再到旁边的小山上刨茅草根。直到炊烟袅袅，大家才各自散去。

相信在大家的童年记忆中，"玩"一定是最难忘，也是最快乐的。对于当代的大部分独生子女而言，成长环境发生了很大的变化，作为家长该怎样为孩子的童年留下快乐难忘而美好的回忆呢？

要不要帮孩子选玩伴？

美国知名心理学家朱迪斯·里奇·哈里斯认为，"如果孩子与不良儿童成为朋友，即使这个孩子有严格家教也一样会变坏。"所以对于孩子玩伴的选择，家长可以适当引导。到这个孩子更大一些，父母更要尊重孩子们对同伴的选择，但父母可以明确表达自己的意见和建议。不过最有效的方法是，父母要给孩子提供一个好的交往环境和氛围，这个环境中还有很多行为习惯良好的玩伴，而不是行为劣迹斑斑的玩伴。

从小缺少玩伴，对孩子有没有影响？

任何孩子的成长，都离不开跟人交往，因为友好的人际交往能让一个孩子的心理更健康。如果一个孩子从小足不出户，甚至从来没跟别的小朋友玩过，毫无疑问是有隐患的。我们想想那些从小被父母关在封闭房间的极端的孩子，他们或者对陌生孩子充满攻击性，或者对陌生孩子充满戒备。如果孩子从小跟玩伴一起成长，即使是没有固定的同伴，而是跟不同的小朋友玩耍，这些孩子的心智也会更健全，懂得跟人相处的技巧。

父母应该成为孩子的"首席"玩伴。

孩子们的玩伴如此重要，那么如果孩子从小有玩伴但长期跟父母分离呢？父母的陪伴仍旧很重要，父母的陪伴往往代表了对孩子的重视和关心，相当于在孩子们的心灵中打造一个温暖的避风港，是孩子成长的心理保障。

三、锦囊支招

1. 首席玩伴，玩的角色

陪伴者：在游戏的过程中，家长应该做一个细心的观察者，留意孩子的情绪变化，根据孩子的情绪来选择适合他们的游戏。

在这个过程中家长可以更好地了解孩子的内心世界。

仲裁者：第二个角色就是仲裁者，孩子在和同龄人玩耍的时候有可能会出现打闹或者闹矛盾，孩子玩耍出现小问题是很正常的，年幼的孩子还没有掌握独立处理矛盾的能力。

他们通常以自我为中心来感受世界和表达情绪，如果孩子出手打人或者乱丢东西有可能就会伤害到别人，这个时候就需要父母介入，让孩子重新回到正常的游戏秩序当中。

引导者：父母在游戏的过程中除了要引导孩子按照规则玩游戏之外，还可以引导他们学习知识，积累经验，在引导的过程中不要伤及孩子的情绪，努力做到呵护兼引导。

如果家长能够在游戏中引导孩子，孩子就会变得适应能力强，不冲动，喜欢遵守规则，更加聪明，与同伴友好相处。

2. 首席玩伴，玩的时机

家庭生活是孩子游戏反映的主要内容之一，同时也是孩子游戏的主要环境之一。所以，家长应充分利用家庭生活为孩子提供游戏的机会。

利用日常生活为孩子提供游戏机会。孩子都爱看电视，尤其是爱看少儿节目，家长可充分利用孩子的这一心理，让孩子参与电视节目中的一些活动，例如电视节目中的"儿童知识竞赛或智力竞赛"，家长与孩子共同参加，进行比赛。这样既可调动孩子动脑的积极性，又可提高孩子看电视的质量，丰富孩子的知识。

利用家务劳动为孩子提供游戏机会。家庭中孩子能做的家务活是帮助家长拣菜、洗自己的红领巾等。家长可将这些枯燥无味的家务与孩子的游戏结合起来。例如拣豆芽，家长可建议孩子一起拣，比谁拣得又多又快。

利用室内外环境为孩子提供游戏机会。这可以根据季节特点进行不同的游戏，春天可带孩子踏青，夏天可带孩子游泳，秋天可带孩子拾落叶，冬天可带孩子堆雪人、打雪仗。

3. 首席玩伴，玩的游戏

分类游戏：这是创造力学者威尔斯提出的方法。平日可提供一些具有共同特征的不同类物品，例如小汽车、汤勺、硬币、回形针等，让孩子根据特征加以分类，还可以鼓励孩子重复分类。也可以提供符号、颜色、食品、数字、形状、人物、字词等材料，让学生能依特性分类。

猜谜游戏：可以用比手画脚的方式让孩子猜谜。

扮演游戏：比如让孩子玩"扮家家酒"，鼓励孩子用想象力扮演所喜欢的角色。可以为他们提供一些线索，比如给他一架飞机，假想他在空中飞行时会遇到什么；给他一些医疗器械的玩具，让他扮演医生给病人看病等。

想象游戏：想象的世界里，孩子的思绪更自由奔放；我们可以用"未来世界的交通工具或者城市"等话题，让孩子充分发挥想象力。

接龙游戏：许多游戏可以用接龙的方式玩，如文字接龙、绘画接龙、数字接龙、故事接龙、动物接龙等。

字词游戏：让孩子说出同韵、音、部首、声调、笔画的字词等。

藏物游戏：跟孩子玩"躲猫猫"的游戏，把物品藏在家中一角，让孩子来找；带孩子去郊外，玩大地寻宝的游戏；或者在报纸上找到自己需要的形容词或者物品等。

绘画游戏：让孩子画画表达他不能用语言表达的感受、情绪，可以画在布上、纸上、木板上……让孩子体会自由创作的喜悦。

组合游戏：许多发明都是在原来的物品上增加一些功能，比如笔加指示棒，变成指示笔，可以让孩子观察哪些物品是组合的，然后再让他们思考还有哪些东西组合后会更好用。

观察游戏：让孩子观察自然的变化，比如树苗的成长、甘薯发芽等；由观察影子的变化学习科学概念；由观察人类的表情而体会情感，能够善解人意。

知觉游戏：包括通过眼睛、鼻子、舌头、皮肤等感觉作用，让孩子分辨不同形状的物体、凭触觉猜东西、用舌头尝各种味道、玩配对游戏……

玩是大事，当好孩子的玩伴是建立良好亲子关系的关键，家长一定要重视。

四、要术概要：游戏时机与项目

1. 扮演好首席玩伴的角色。在游戏过程中，家长应该是孩子的陪伴者，了解孩子的内心世界；是孩子的仲裁者，维护游戏秩序；是孩子的引导者，对人际沟通、处事能力进行培养。

2. 把握时机。为孩子创设游戏活动，增进亲子关系。

3. 选择的游戏。选择猜谜、绘画、藏物等游戏，在生活中学知识的同时，还能培养观察、思维、动手等能力。

第 2 节
成孩子的导师

锦囊要术：精神、习惯和潜能

一、教师观察

当问到希望孩子将来有怎样的人生时，大多数父母都回答："希望孩子一生健康快乐。"虽然家长们的期望都差不多，但在孩子的成长过程中，有许多父母忘记初心，不由自主地想控制孩子，让他们成长成自己期望的模样。

家长对孩子的期望又是怎样的呢？许多家长对孩子大致有这样美好的未来规划：成绩名列前茅→考入重点高中→考入重点大学→拥有美好人生。

可见，在孩子的成长道路上，许多家长对孩子的未来要么只有很模糊的预期，要么是过于单一、非常统一的规划。

中国青年报社社会调查中心联合问卷网，曾对 2002 名 18—35 岁的青年进行的一项调查显示，84.9% 的受访青年表示在成长的过程中，父母会把他们的想法强加给自己。进一步调查发现，孩子童年时期，父母最容易向孩子强加他们的想法。在学习方面，父母最容易把想法强加给孩子，然后依次是工作方面、婚恋方面、兴趣爱好方面、生活方式方面和人际沟通方面等。

为何父母会把自己的想法强加给孩子？70.2% 的受访青年认为是家长的管控欲强，认为孩子应该按自己设定的路走。家长是孩子的第一任教师，每一个家长都希望自己的孩子优秀，但在这个共同目标之下的家教理念与行动却不一定合适；结果，孩子成人之后也就与家长的期望相去甚远。

二、家长困惑

每个孩子的到来都会给整个家庭增添新的希望，但是随着时间推移，不少家长逐渐发现自己的孩子并不完美，面对孩子在学习生活中表现出来的一些缺点和不足，常常恨铁不成钢。于是，很多家长就成了孩子非常害怕、讨厌的"五会"家长。

1. 只会催

"快点起床！""快点吃早饭！""快点做作业！""快点看书！"……"快点"成了爸妈的口头禅。结果越催孩子越烦，越烦就越不高兴做。

2. 只会擦

"爸妈坐我旁边看我写作业，没写几个字，他（她）就直接拿着橡皮过来擦，就知道擦、擦、擦！我已经很努力在写了，你能不擦吗？"结果是家长越擦孩子越不喜欢写作业，严重的就开始逃避作业。

3. 只会念

"爸妈是唐僧，我犯错了，他讲了，我知道了，可他们还是不停地念呀念呀。听到后来，我都不知道他们讲了什么！"结果一个唾沫横飞，一个云里雾里，以后再犯，家长还没说，孩子就能背出家长的话来。

4. 只会吼

"妈妈是只河东狮，一看到我犯错误，就要吼我，样子真难看。"结果孩子被吼愣了，至于吼的内容，一概屏蔽了。

5. 只会打

"我犯错了，妈妈不好好和我说，就知道打我，她是不是不爱我了？"结果时间一长，孩子对爸妈的操作一清二楚，犯错了，顶多也就挨几下打，还能把自己怎么着。

"五会"家长经常自己气个半死，孩子却还是没有长进，显然这些都是错误的教育方式。

三、锦囊支招

在人的一生中，如果没有导师的指引，要想成为杰出的人，概率是非常小的。普通人之所以普通平庸，是因为在生命中没有人给予正确的指导。想把孩子培养成为成功的人，对于不同的孩子来说，可以采取不同的教育方式。从共通的方面来说，也还是可以略说一二的。

1. 引领孩子的精神

父母要多与孩子交心，弄清楚他们究竟在想些什么、需要什么，帮助他们构建积极的生活态度和健全的人格。拥有融洽的亲子关系是沟通的基础，一周都不会和孩子见上几面的家长又怎么可能成为孩子的人生导师呢？

孩子们所需要的温暖，直接来自父母的关爱，这种关爱并不与他们的学习成绩相挂钩，而是能够给予他们宽容、放松、愉快的生活环境。不少父母过分看重考试分数，忽视对孩子心理健康的关注和兴趣爱好的培养，孩子的学习压力很大、思想负担较重，这些都不利于孩子的健康成长。父母给孩子最好的爱是学会尊重孩子，尊重他们独特的思想，要放手让孩子自己去选择，而不是给孩子找到一条自己认为宽阔平坦的大路，让他们按部就班地行进。在整个教育过程中，父母需要明白孩子和自己是平等的。父母有义务给孩子必要的建议、引导、支持，而孩子也有权利采纳或者拒绝。做到这一点，亲子间的矛盾就会少很多。

父母绝不能主观地把自己的意志强加给孩子。在非原则性的问题上，父母也不必强求孩子，应该尽量尊重孩子自己的意愿，赏识和尊重孩子的想法，这可以进一步锻炼孩子的思考能力和表达能力。还可以通过倾听孩子的观点，发现和了解孩子的真实想法，从而纠正孩子在成长过程中的一些错误思想。

2. 培养孩子的习惯

行为决定习惯，习惯决定性格，性格决定命运。孩子的习惯养成不应当从小学阶段才开始，而应该始于出生之后，以至贯穿于孩子整个生命成长的过程中。家长的行为习惯影响孩子的行为习惯。但家长往往忽略了这种影响，很多不好的生活习惯与不良言行在孩子面前日复一日地呈现着，结果，孩子也就习染了这种习惯。而这样的家长，又多放纵孩子的不良行为与习惯，从而使孩子旧习难改，甚至影响其前途。

优秀的家长关注的不只是孩子眼前的生存状态，还往往瞭望其久远的未来。在关心孩子的时候，绝不放任孩子的不良行为，总在着意培养其良好的习惯。所以，优秀的父母，不但要让孩子衣食无忧，更要让孩子拥有伴随其一生的良好习惯。

3. 挖掘孩子的潜能

对于孩子的成长，父母应该保持自己独立的思考和判断，更多地去引导而不是要求孩子。我们可以帮助孩子制订适合他们特点的成长目标，让孩子能够自信而快乐地为自己的未来奋斗。

现代社会在不断地进步和多元化，人的成功有不同的途径，每个人心中的成功也有不同的定义。而许多父母却还在用"老一辈"的逻辑"捆绑"孩子，从他们的角度出发做出判断并驱使孩子去追赶，让孩子去追求他们眼中的"成功"。

家长可以给孩子讲解各种名人的故事，观察孩子的反应，看什么样的人生能够吸引他的注意力，能引起他的兴奋。当孩子为某一位名人的事迹而感动时，很可能在他的价值观中，将来成为这样的人才会快乐。当孩子心中有了偶像时，他就会被偶像的一举一动所吸引，会不由自主地学习模仿。

四、要术概要：精神、习惯和潜能

1. 引领孩子的精神。 父母要多与孩子交心，弄清楚他们究竟在想些什么、需要什么，帮助他们构建积极的生活态度和健全的人格。

2. 培养孩子的习惯。 行为决定习惯，习惯决定性格，性格决定命运。孩子的习惯养成不应当从小学阶段才开始，而应该始于出生之后，以至贯穿于孩子整个生命成长的过程中。

3. 挖掘孩子的潜能。 对于孩子的成长，父母应该保持自己独立的思考和判断，更多地去引导而不是要求孩子。我们可以帮助孩子制订适合他们特点的成长目标，让孩子能够自信而快乐地为自己的未来奋斗。

第3节
做孩子的朋友

锦囊要术：尊重理解与支持

一、教师观察

很多父母都崇尚顺其自然的教育理念，都想和孩子做朋友，想和孩子和平相处。但是想象是美好的，实际做起来却是非常的难，那为什么在实际的操作中这么难呢？

父母总是以一种高姿态和孩子说话，而且有时候还会用命令的语气。其实朋友之间的相处是相对平等的，虽然父母想和孩子成为朋友，但是平常的一些做事方式就已经暴露出来了这是一件不可能的事情。父母的初衷是好的，他们想通过这一方式拉近与孩子之间的距离，但是实施起来却并不是那么容易，因为他们骨子里仍然认为孩子要听从自己的话，孩子不能顶嘴。

其次，我们国家是一个非常传统的国家，尊卑长幼，这种关系已经刻在了我们每个人的骨子里，不是一朝一夕就能改变的。朋友之间会吵架，但是如果孩子和父母吵架的话，还是会被父母控制的。

所以很多父母都希望与孩子们成为朋友，但总是事与愿违，这是因为他们没有转换思想意识。

二、家长困惑

家长希望跟孩子像朋友一样相处，能达成平等与友好关系。我们不妨先来定义一下"朋友"：

朋友是指在任意条件下，双方的认知在一定的层面上关联在一起，无论年龄、性别、地域、种族、社会角色和宗教信仰是否存在差异，双方的心理认知均可一致，并可以在对方需要的时候给予帮助。朋友更像是雨中的伞，黑暗中的灯。

所以亲爱的家长们，是不是可以认识到，朋友不是那么好做的。

家长与孩子做朋友时常有以下的误区：

1. 只要保证不哭闹，要啥给啥

家长存在的第一个误区就是认为和孩子做朋友，就是与孩子关系好，孩子有什么事情都和自己说，亲子之间没有秘密，其他的无所谓。家长这样的态度，确实会给孩子特别美好的情感体验，不需要付出太多的努力就可以得到自己想要的东西。当孩子缺少通过自己的努力而获得成功的满足感时，自然也缺少要承担失败的责任感。

2. 按我说的做就行，咋就不听

很多家长平时工作很忙，自己平时的工作效率又高，最看不得的就是孩子做事拖拉、磨蹭。最开始也想和孩子朋友似的相处，但每次苦口婆心地劝说不成，河东狮吼也不成，最后诉诸武力。孩子长时间被家长指责，慢慢地会消磨掉自信心，不愿意再动手去做一些事情。

三、锦囊支招

只有跟孩子做朋友，才能真正地走进孩子内心。而朋友之间，无论大人还是孩子，尊重、理解、支持才是正确的朋友相处之道。

1. 学会尊重

每一个人在这个世界上都是一个独立的个体，父母千万不要因为孩子是自己生的，就觉得孩子是自己的私人物品，所以对孩子的一切都想掌控在手中，父母应该去引导孩子做事情，让孩子学会明辨是非，尊重孩子的选择，而不是一味地以自己的标准去衡量孩子。尊重孩子的决定，孩子才会尊重你。

从小就帮助孩子建立正确的思考方式而不是强迫孩子必须听你的，每当孩子遇到问题的时候，家长应该只是提供自己的建议，而把决定权留给孩子。

2. 给予理解

孩子犯错了，很多家长基本都不由分说，直接批评孩子，从来不听一下孩子的解释。这样做会打击孩子的自信心。所以家长在平时的生活和学习中一定要多加了解孩子的想法，多和孩子沟通，避免产生误会。另外，真正的交流是需要打开心扉的。

当孩子在外面受了委屈、与好朋友或心爱的宠物分离时，他脆弱的心灵会受伤。父母却只是一味地告诉他"没关系，坚强一点""这没什么好难过的"，会让孩子觉得父母一点都不能体会他的感受。若父母说"你很难过吧？我要是你也会有这种感受的"，相信会有截然不同的效果。

3. 放手支持

很多父母都觉得孩子是自己生命的延续,所以在孩子身上倾注了太多的梦想。还有的父母自己小时候生活条件不好,现在生活条件好了,父母就把自己从来没有享受过的生活,一股脑儿地给予孩子,生怕孩子像自己小时候一样受委屈,所以希望孩子能去完成自己完成不了的梦想。孩子是一个独立个体,他是他,你是你,千万不要把自己的压力转移到孩子的身上。孩子有自己的选择,他们有自己要过的日子。对于孩子,父母是参与者,绝不是决策者,想要孩子过得更好,父母就应该让孩子拥有自己的天空,让孩子自由自在地飞翔,而不是让孩子带着父母的梦想去飞。

家长望子成龙、望女成凤的心大家都理解,但是一定切记不要打击孩子的积极性。当他没做好一件事情时,一定要鼓励他,给予他信心,而不是责骂。孩子不会愿意和总是批评他的人做朋友。

如果家长真的想成为孩子的朋友,请给孩子最大的尊重、理解和支持。

四、要术概要:尊重理解与支持

1. 学会尊重。父母应该去引导孩子做事情,让孩子学会明辨是非,尊重孩子的选择,而不是一味地以自己的标准去衡量孩子。

2. 给予理解。家长在平时的生活和学习中一定要多加了解孩子的想法,多和孩子沟通,避免产生误会。另外,真正的交流是需要打开心扉的。

3. 放手支持。不要把自己的压力转移到孩子的身上,孩子有自己的选择,他们有自己要过的日子。对于孩子,父母是参与者,绝不是决策者,想要孩子过得更好,那父母就应该让孩子拥有自己的天空,让孩子自由自在地飞翔,而不是让孩子带着父母的梦想去飞。

第4节
家长需"持证"上岗

锦囊要术：充分信任表爱意

一、教师观察

受新冠肺炎疫情影响推迟的 2020 年全国两会与以往一样，教育话题依旧是两会期间大众普遍关注的热点之一。目前社会中，"证"的作用尤其凸显，似乎进入一个领域、一个行业都需要"证"的特许。全国政协委员许洪玲提出："家长"也要上课，拿"合格父母"证书。

全国政协委员、南开区政协副主席许洪玲建议，在社区举办家长课堂。成立"家长教育指导工作室"，面向适龄儿童的家长，聘请第三方或者有教育经验的志愿者作为老师。针对准备入小学的家长开展相关课程教育，颁发"合格父母"上岗证随学生档案入学。

此消息一出，无疑成了大家关注的热点之一，可见人们对于家庭教育的问题非常重视。家庭教育是人生教育的起点，与社会教育、学校教育并称为三大教育，可见其重要性。

许洪玲还提到，加强对"准父母"的教育培训。从准备上岗的准父母抓起，让准妈妈们和准爸爸们有充分的"生"和"育"并重的思想准备。

不可否认，这种政策的实施还是有一些困难的，但从侧面反映出家庭教育的缺位，以及部分家长需专业培训的紧迫性。

二、家长困惑

"父母持证上岗"的说法，并非第一次提出。每当社会上出现父母虐待子女等极端个案时，都会有许多网友感叹，父母是唯一不需要考试的职业。从一种民间说法，到正式成为公共议题拿出来进行讨论，背后是一种非常现实的考量：越来越多的人认识到家庭教育的重要性。父母是孩子最好的老师，良好的家庭教育对孩子的成长，乃至对社会的影响，都是至关重要的。但又必须承认，并不是所有的父母都是合格的父母。

有网友基于对"持证"两个字的天然反感，并不认可这个建议。"父母持证上岗"的本意，在于把抚养孩子提高到教育的高度。不得不说，很多家庭中，父母对子女常常是只有养育，而没有真正的教育。就算有教育，在方法上也是错误的、不科学的，这才是问题的关键所在。如何改变这一现象？一是从理论研究入手，鼓励高等学校开设家庭教育通识课程。二是提高父母自身的教育能力。

"父母持证上岗"也是在提醒我们，父母也需要不断地学习成长，才能成为合格的和更好的父母。子女是第一次做子女，会不断地遇到未知的问题，所以需要在家长和老师的帮助下学习成长。父母在第一次做父母时，也会不断地遇到新问题，何尝不需要学习呢？从孩子幼儿时期的育儿知识，到青少年时期的价值观的形成，再到如何辅导孩子的作业，家长时时面临着挑战。作为中国的家长很辛苦，辛苦就辛苦在，要与孩子一起奔跑。

其实，持证是道门，修行在个人。推行"父母持证上岗"，根本目的不是为了盖章定论，而是帮助父母树立终身学习的观念，不断提升陪伴的质量，知晓沟通的技巧，建立和谐的亲子关系。

家庭教育的理念和方法多种多样，无法一概而论。但当我们感叹"别人家的孩子"的时候，也许更要想想"别人家的父母"。

三、锦囊支招

关于"家长持证上岗"，浙江省杭州市上城区在2017年就正式启动"星级家长执照"工程，基于数字家长学校学习数据，对"父母持证上岗"进行了有效探索。

让家长"考证上岗"并非浙江独创，成都曾推出"4C"家长培训制度，强调作为一名称职的家长，应具备4个核心能力，即和谐关系、关爱身体、维护心理、引导学习。可见，学校与社会对家长家庭教育的学习培训已经非常重视并加大了培训的力度，家长参加家庭教育的方式变得更为多样，内容也更为全面。

很多家长可能会问，如何判断在孩子的眼中自己是否算得上"合格"？其实，"良好的亲子关系"是有效亲子教育的前提，通过孩子的3种表现，我们可以观察到孩子与父母关系的真实情况，也可大致判断家长在孩子的眼中是否算得上"合格"。

1. 寻求父母帮助

如果你的孩子，受委屈了、闯祸了、遇到难题了，第一时间会跑过来找你，别嫌弃他烦，更别过度责骂，这是他信任你的表现。

很多孩子遇到难题，第一反应不是解决问题，而是"要是让爸妈知道就惨了"，害怕父母知道后会责备自己。像这样遇到问题选择独自承受的孩子，缺少的是对父母的信任。其根本原因在于，当孩子有问题找父母的时候，父母以批评为主，而不是安慰和提建议。

孩子把笔袋丢了，家长就说："真是个败家子儿，怎么不把自己丢了，我不给你买新的，自己想办法。"

孩子把碗摔碎了，家长就说："连个碗都拿不好，笨手笨脚，你有什么用？"

孩子不小心受伤了，家长就说："让你跑出去瞎玩，你说说去医院又得浪费多少钱。"

久而久之，孩子越来越不敢对父母说真话了。因为在父母眼中，孩子遇到的任何问题，都是因为孩子自己有问题。孩子看到的永远是父母愤怒的脸，听到的都是父母激烈的责骂。

心理学家戴维·埃尔金德说："孩子们最需要知道的是，他们对父母很重要，永远都被爱围绕。"而良好的亲子关系，永远是带着信任的。

2. 真实表达情绪

电视剧《小欢喜》里，乔英子为了照顾母亲宋倩的情绪，整天小心翼翼、如履薄冰。她不敢表达自己的诉求，不敢有自己独立的想法，不敢有任何忤逆的行为，生怕一不小心就惹得妈妈生气。

现实生活中，这样的孩子非常多，他们跟父母的话越来越少，父母猜不透孩子心里在想什么。孩子从会说话的那天起，总爱围着父母叽叽喳喳说个不停。可是家长们有一天突然发现：他怎么现在不愿意和我说话了？

大人们常常把这归结为孩子长大了，其实不然，这是因为很多孩子学会了隐藏情绪。不管是大人还是小孩，在亲近的人面前会不自觉地表露出各种情绪，这是爱和亲密的一种表现。

孩子如果能在你面前毫无顾忌地生气、委屈、难过，不完全是一件坏事，反而证明孩子在你身边非常有安全感。相反，如果孩子在父母面前不敢发脾气，总是言听计从，或者表现出冷漠、拒绝沟通的态度时，父母才应该真正感到担心。

3. 主动表达爱意

好的关系的形成，其实都是相互的，不应该只有一方付出，因为爱是双向流动的。

亲子关系亦然，父母无条件地爱孩子的同时，孩子也要学会爱，这才是健康的亲子关系。

大部分家庭，都是父母很强大，孩子很依赖，看似亲子之间很亲密，但是时间久了，孩子养成了习惯，反倒认为一切都是理所当然的，有的孩子甚至不觉得大人的付出有多辛苦，最后滋生出冷漠和挑剔。

相反，适时地告诉孩子，父母并没有那么万能；适当地放手，让孩子学着独立；适当地偷懒和示弱，激发孩子的责任感；心安理得地接受孩子的爱意，并进行鼓励，亲子关系反而会更加融洽。

教育，是一门大学问。也许以培训和考试的形式来保证做父母的质量仍缺乏实操性，但家长的确应该有意识地通过努力学习，不断培养自己成为优秀的父母。

当然，文凭不只是一张纸，更应代表学习的能力。情同此理，聚焦"父母持证上岗"，讨论也别偏离了方向。关键不在"证"，而在如何持续学习，怎样用包容仁爱之心胜任父母之岗。当然，各地在设计相关制度时，也要避免加重家庭负担，让家长也能在快乐中学习，助力孩子健康成长。

四、要术概要：充分信任表爱意

1. 寻求父母帮助。心理学家戴维·埃尔金德说："孩子们最需要知道的是，他们对父母很重要，永远都被爱围绕。"而良好的亲子关系，永远是带着信任的。

2. 真实表达情绪。不管是大人还是小孩，在亲近的人面前会不自觉地表露出各种情绪，这是爱和亲密的一种表现。

3. 主动表达爱意。好的关系的形成，其实都是相互的，不应该只有一方付出，因为爱是双向流动的。一个从小和父母相处融洽的孩子，未来的人际关系也会轻松许多，至少他有被好好爱过，也从父母身上学到了该如何爱人。

第 5 节
不断学习，应对万难

锦囊要术：理念、知识和内心

一、教师观察

每个父母都希望子女成龙成凤，但不正确的教育方式又制约了孩子的成长。面对孩子身上的问题，很多父母并不认为或不肯承认自己是最大的制造者。

无论是自我成长，还是构建充满爱的和谐家庭，为孩子的幸福成长提供良好的环境，重要的前提是父母要进行自我觉察。即父母时刻知道自己身体所觉、脑中所思、内心所感和自己对孩子的表现做出的反应，以及了解自己的过去是如何影响自己现在作为父母时的反应和表现的。在家庭教育成长课中有一句令人醍醐灌顶的话，"你不解决问题，你就会成为问题。"因此，作为父母要学会自我觉察：觉察自己的行为对孩子有何影响，觉察自己对孩子的了解程度，觉察自己能为孩子做点什么。

曾经有一位家长，每天在焦虑和懊恼中挣扎。在自我觉察时，她发现自己因为工作忙，回家还要做家务，辅导孩子写作业，又要参加职称评比，白天几乎没有时间看书上网听课，通常到晚上 11 点以后才能静心学习。工作的疲累、评比的压力使她的情绪非常不稳定。孩子只要有一些吵闹，有时就会成为她发泄焦虑情绪的借口，她曾反思过自己的行为，认为自己是冲动的，但多数是孩子的任性和工作的压力造成的。在自我觉察的成长课上，这位家长忽然明白了一切的缘由在自己的抗焦虑能力太低，不是孩子任性吵闹，是自己粗暴地解决问题和宣泄情绪的行为方式影响了孩子，使得孩子也在模仿家长用这样的方式来处理问题和宣泄情绪。

父母觉察的结果也许会使自己对自己有所失望，但是不要紧，觉察了，问题的解决也就开始了。教育孩子的关键是自我觉察。当我们觉察到自己的不完美时，才可能允许孩子犯错；当我们觉察到自己识别和表达情绪的方式时，才可能知道怎样引导孩子正确地处理情绪；当我们觉察到孩子就是孩子的时候，才可能不是强行地改变孩子而是改变我们自己。

莫言说过：没有天生优秀的孩子，也没有天生称职的父母。大多数优秀的孩子都是优质教育的结果，而越是优秀的父母也是不断努力学习而形成的。每个健康出生的孩子在生命的最初都是一张白纸，长成什么样取决于家长怎样在白纸上描绘创作。

二、家长困惑

孩子在成长过程中，年轻父母常被一些问题所困扰，根据多年的教育教学经历，结合自己教育孩子的一些思考，我认为，困惑主要表现在以下几个方面：

一是怎样才能让孩子赢在起跑线上？ 为了不让孩子输在起跑线上，幼儿园的选择、特长培养、择名校等，家长是一个也不能落下，对孩子的教育倾尽全力，但有些做法不一定可取。上面所说的起跑线，应该是家长对孩子良好的言行、生活和学习习惯的教育和引导。

二是父母教养孩子的方法不一致怎么办？ 父母都很重视孩子的教育，只是教育的理念和方法有所不同。事实上，夫妻双方都希望孩子好。当一方在教育孩子时，另一方最好保持沉默。不能在孩子面前表现出不一致的观点，切忌当着孩子的面反驳，这样会误导孩子。要认真听他（她）是如何教育孩子的，最好当孩子不在身边或孩子睡觉时及时交换意见，尽可能达成共识，这样会更有利于孩子的健康成长。

三是孩子该不该让"老人"带？ 现实生活中，隔代教育一直颇受争议。很多年轻父母的确想自己带孩子，但苦于工作忙，有些时候的确是没时间自己带。从我自己带孩子的经历来看，我认为孩子最好是自己带。老人教育孩子的标准是停留在他们的时代的，很多时候会与年轻父母在教育孩子方面产生分歧。因此，如果是临时没有时间，可以让老人帮着带几天，但不要时间过长。如果发现孩子出现一些问题，想等孩子大一点再来纠正，恐怕会为时已晚，一些不良的习惯已经养成。

四是在现实中，还存在一些父母不知道如何当家长的问题。 家长只是负责把小孩带到这个世上，将很多教育责任都推给了学校和社会，然而父母是孩子的第一任老师，很多成长经验和良好的生活习惯是需要父母言传身教的。家长在孩子身上是用尽心思，却往往忽视了在自己身上用力。在关注孩子健康成长的同时，往往忽视了自身的成长。这才使得我们的孩子无法好好学习天天向上，才使得我们的孩子出现了这样那样的问题。

三、锦囊支招

成长,指长大、成人,泛指事物走向成熟、摆脱稚嫩的过程。简而言之,就是自身不断变得成熟稳重的一个变化过程。显而易见,这里家长的成长当然不是指生理上的成熟,而更多指的是心智上的成熟。可是,我们从不断见诸各路媒体上的新闻可领略到当下家长的"稚嫩":辅导孩子写作业时有中风的,有夫妻吵架闹离婚的,甚至有喝农药的。这些是事实也好,段子也罢,都折射出当下年轻父母们的焦虑,也更可从中读出他们焦虑背后的"稚嫩",所有这些都表明,家长也需要成长。以下几方面有助于家长成长:

1. 树立正确的育儿理念

对于教育孩子,相信每位父母都有自己的认知。因为现在的父母们受教育程度相对较高,所以,他们易于接受新的教育理念。但是,需要提醒的是,毕竟当下的社会太过浮躁,新的理念层出不穷,这就需要父母们在众多的理念中寻找正确的最适合自己家的实际情况的,从而帮助自己树立正确的育儿理念。

2. 需要一定的理论知识

这一点,则需要父母花更多的时间去学习,毕竟不是每一位父母都读过教育专业,对于专业性的知识还得拾起书本去研究学习,用一定的理论知识来指导自己的教育实践是非常必要的。网络上曾报道一位陪写作业的妈妈竟也考下了教师资格证,她的学习精神不得不让人敬佩,这真是一件父母与孩子共同成长的好事情。

3. 拥有一颗强大的内心

教育是一件漫长而又辛苦的事情,即便家长已经做好充分准备,即便家长学富五车,但是当家长面对一个天真活泼、个性鲜明的小孩,恐怕会手忙脚乱乃至惊慌失措,甚至濒临崩溃时。所以,家长必须得有一颗强大的内心来抵御这一切,否则,先倒下的就会是家长自己。

四、要术概要:理念、知识和内心

1. 树立正确的育儿理念。 当下的社会太过浮躁,新的理念层出不穷,这就需要父母们在众多的理念中寻找正确的最适合自己家的实际情况的,从而帮助自己树立正确的育儿理念。

2. 需要一定的理论知识。这一点，则需要父母花更多的时间去学习，毕竟不是每一位父母都读过教育专业，对于专业性的知识还得拾起书本去研究学习，用一定的理论知识来指导自己的教育实践是非常必要的。

3. 拥有一颗强大的内心。教育是一件漫长而又辛苦的事情，当家长手忙脚乱乃至惊慌失措，甚至濒临崩溃时。家长必须得有一颗强大的内心来抵御这一切，否则，先倒下的就会是家长自己。

第6节
"爱育"的前提是智慧、方法和责任

锦囊要术：智慧、方法和责任

一、教师观察

爱孩子是一种本能，但是如何正确地去爱，却是一门大学问。正如中国教育学会理事会学术委员会顾问朱永新所言，"中国的父母亲重视教育，却也最容易在教育上犯错。"我们理所当然地认为凭着满腔的爱和热情，就可以无师自通地当好父母，而事实上，我们打着爱的名义做着伤害孩子的事却不自知。

因为"爱孩子"，家长不遗余力给孩子最好的物质，却丢失了最好的陪伴；因为"爱孩子"，生怕孩子输在起跑线上，所以别人家的孩子学什么，自己的孩子也要学什么，却不管孩子是否需要与适合；因为"爱孩子"，家长包办代替成长中一切的体力劳动，只要孩子"努力"学习，只要孩子"无忧"成长……

《人民日报》曾刊登过文章《教育改革要从家庭教育开始》，其中提出的家长层次论有五层，我们不妨来看看，自己属于哪一层？

第一层次：舍得给孩子花钱
第二层次：舍得为孩子花时间
第三层次：开始思考教育的目标问题
第四层次：为了教育孩子而提升和完善自己
第五层次：尽己所能支持鼓励孩子成为最好的自己，并以身作则

高尔基曾说过："爱孩子这是母鸡也会做的事，但要善于教育他们，这就是国家的一件大事了，这需要才能和渊博的生活知识！"

二、家长困惑

教育孩子是一件十分复杂的事情，也是一项伟大的事业。"望子成龙，盼

女成凤"是普天之下为人父母者最大的心愿。这种心愿从小处看，能够成就一个人的骄傲与辉煌；从大处看，可能造就一个民族的自豪。《人民日报》曾发文指出：教育好孩子，是父母这辈子最重要的事业。

我们希望孩子成人、成才、成功，不妨来看看十年后，有出息的孩子都来自怎样的家庭。

重视教育的家庭

"橘生淮南则为橘，生于淮北则为枳。"可见，环境对人的成长起着至关重要的作用。一个重视教育的家庭，一定能培养出一个热爱学习的优秀孩子。

蔡元培先生说过："家庭是人生的第一学校。"父母是孩子的第一任老师，重视家庭教育，是所有父母义不容辞的责任。别让"5+2=0"，别让孩子输在家教上。

乐观积极的家庭

有专家发现，孩子的性格越好，各方面都会比同龄人更出色，将来也会更加优秀。父母的积极乐观会在潜移默化中影响孩子，让孩子保持乐观，积极面对所有困难与挫折，学会笑着面对生活，就会幸福感十足。

每个家庭都应该营造和谐欢乐的氛围，让孩子发现生活的美好，学会热爱生活。

热爱学习的家庭

"教育的本质是培养习惯。"我们都知道孩子的良好习惯应该从小养成，但一味地跟孩子讲道理，他未必就会听，也未必听得懂。光说不练假把式，言传身教，才是父母最应该做的。

一个品学兼优的孩子背后，一定站着热爱学习并且严于律己的父母。父母要带头读书、学习，做好榜样，孩子就愿意向父母学习与看齐。最好的教育，就是父母成为孩子的好榜样。

情绪稳定的家庭

在充满爱的家庭里长大的孩子，注定要比生活在终日吵闹甚至不健全的家庭里的孩子更乐观、更阳光、更上进。父母的格局和情绪，几乎决定了孩子的将来。

尊重孩子的家庭

每一个孩子都是上天赠予的礼物，要想让孩子优秀，首先要尊重他们。接纳孩子的全部，信任他，放手让他做自己想做的事情。孩子今天所做的一切，都是为了明天成为更好的自己。

尊重孩子，是一切教育的基础。比起质疑与拒绝，父母的理解与支持更重要。在孩子心中种下一颗种子，不断给予孩子智慧的启迪与坚定的支持，静待花开，孩子的明天会更好。

房屋整洁的家庭

房屋整洁也是家庭环境中很重要的一部分。在有序的环境里长大的孩子，不仅会养成有条理的好习惯，还能更从容地面对生活，应对今后的一切问题。"一屋不扫，何以扫天下"，习惯养成应该渗透到孩子生活的方方面面。

讲究规矩的家庭

很认同这么一句话："有规矩的自由叫活泼，没有规矩的自由叫放肆。"真正地爱孩子，不是放任，而是约束。爱孩子和立规矩从来都不是对立的，两者并存，是教育的根本。

再好的名校，都比不上父母的言传身教！父母才是孩子一生中最重要的老师！想让孩子成为怎样的人，首先，家长就得成为怎样的人。

三、锦囊支招

在家庭教育中，"爱育"的前提是智慧、方法和责任。

1. 智慧，是方法的制造机

提倡做智慧型父母的目的在于，使父母对自己和孩子的行为做出正确的分析、判断，能改变自己的教育行为，然后再用自己的行为去影响孩子。

很多人都喜欢听李玫瑾教授的课程，李玫瑾教授提出的各种育儿理念很受家长们的欢迎。在李教授的讲课中，她就非常中肯地提醒家长：

"很多家长焦虑，对孩子不知道该怎么办，孩子出现问题的时候，家长就赶快去找专家。问当然是最简单的，专家可能直接可以告诉你眼前的事情该如何解决。但事实上大家知道，孩子养了十多年，家长指望专家跟他谈三五句或者谈一上午三小时就能变好了吗？那是不可能的。专家也不是万能的。"

"所以我在微博上……我就告诉所有的家长，你要动用自己的智慧，你说你的智慧还没到这儿的时候，你要去看书，不要急着去问。"

由此可见，大家在实际教育中，要根据实际情况，运用教育智慧，创造性地指导孩子，教育的效果也一定会事半功倍。

2. 方法，是问题的解决器

平时，家长们也参加过一些育儿的相关讲座，也会读一些有关教育的书，比如《赏识教育》《哈佛女孩刘亦婷》《卡尔威特的教育》等等。但是，家庭教育针对的是鲜活灵动的生命，是独一无二的个体，有时候听来的案例，书本上的方法也不一定就适合自己的孩子。

儿童教育的方法论体系是实事求是，从实际出发，具体问题具体分析。教育是需要方法的，但若执着于方法就会失去教育的智慧。

3. 责任，是行动的能量场

有句话说得好："国家的命运与其说掌握在执政者手里，不如说掌握在父母手里。"孩子的教育和培养是一门很复杂的学问，《教育部关于加强家庭教育工作的指导意见》中就指出，要充分认识加强家庭教育工作的重要意义。只有家长与老师，与学校共同合作，才能培养出更多更优秀的人才。

家庭是社会的基本细胞。注重家庭、注重家教、注重家风，对于国家发展、民族进步、社会和谐具有十分重要的意义。家庭是孩子的第一个课堂，父母是孩子的第一任老师。家庭教育工作开展得如何，关系到孩子的终身发展，关系到千家万户的切身利益，关系到国家和民族的未来。

到2022年7月，我的教龄就满26年了。与每一届学生的相遇都是缘分，回忆起来内心总是充满快乐和喜悦，也很幸运所遇的每一届学生都如此努力优秀。2015届毕业生，考进市重点高中温州中学的就有近十位。目前，在牛津大学、哥伦比亚大学、北大、复旦、浙大、中央美院等世界、全国一流大学就读的学生也比比皆是。观察每一届、每一个优秀学生，无一例外的是他们的成长一定有来自家长的"爱育有方"。

当然，"爱育"的前提是智慧、方法和责任，愿每一位家长都能明确自己在家庭教育中的主体责任，愿每一个家庭都能与学校、社会密切配合，三方鼎力合作、相互支持，共同培养德智体美劳全面发展的社会主义建设者和接班人。

四、要术概要：智慧、方法和责任

1. 智慧，是方法的制造机。 提倡做智慧型父母的目的在于，使父母对自己和孩子的行为做出正确的分析、判断，能改变自己的教育行为，然后再用自己的行为去影响孩子。

2. 方法，是问题的解决器。 大家在实际教育中，要根据实际情况，运用教育智慧，创造性地进行指导，教育的效果也一定会事半功倍。

3. 责任，是行动的能量场。《教育部关于加强家庭教育工作的指导意见》中就指出，要充分认识加强家庭教育工作的重要意义。家庭教育工作开展得如何，关系到孩子的终身发展，关系到千家万户的切身利益，关系到国家和民族的未来。